Cet ouvrage se trouve

à Bruxelles,
à Strasbourg,
à Lyon,
à Turin,
à Aix,
à Toulouse,
à Bordeaux,
à Nantes,
à Rouen,

TABLEAU

DES

LIBRAIRES, IMPRIMEURS

ET ÉDITEURS DE LIVRES

DES PRINCIPALES VILLES DE L'EUROPE;

PRÉCÉDÉ

D'une Instruction sur les Lois et les Réglemens de la Librairie, les droits des auteurs et de leurs héritiers;

SUIVI

De la liste des ouvrages classiques que la Commission a cru les plus propres à assurer les succès de l'enseignement, et d'une Notice des ouvrages périodiques qui annoncent les ouvrages nouveaux.

ON Y A JOINT

Le Catalogue des ouvrages imprimés par souscription, ou qui se vendent chez leurs auteurs; des renseignemens sur les foires de Librairie, et un État des villes où se fabriquent les papiers d'impression, etc. etc. etc.

In tenuitate

DE L'IMPRIMERIE DE GUILLEMINET.

A PARIS,

A la Librairie de A. G. DEBRAY, successeur de M. BAILLY, rue Saint-Honoré, Barrière des Sergens.

Janvier 1804.

AVIS DE L'ÉDITEUR.

En publiant cet État, nous nous sommes proposé d'être utiles aux gens de lettres, aux bibliographes, aux bibliomanes, aux bibliophiles et aux libraires : aux premiers, en facilitant leurs recherches et leurs acquisitions ; aux seconds, en leur procurant les moyens de répandre des prospectus, des catalogues, et d'étendre leur correspondance.

La librairie peut être considérée comme une branche importante du commerce : en effet, elle contribue à la consommation du papier, à l'emploi des manufactures, à la circulation de l'argent. Les livres français sont ceux dont la vente peut le plus s'étendre, puisque la langue française est parlée par-tout. Les foires de Leipsick et de Francfort en sont remplies ; mais, hélas ! c'est des libraires hollandais que l'Allemagne reçoit la plus grande partie.

En adoptant ce format, propre à en faire un agenda, un journal de poche, nous avons eu en vue particulièrement les commis voyageurs.

Desirant lui donner toute la perfection dont il peut être susceptible, nous invitons les personnes qui pourraient remarquer des erreurs ou des omissions importantes, à nous faire passer les renseignemens propres à les réparer ; nous les recevrons avec reconnaissance, et nous nous empresserons de faire jouir nos confrères des lumières qu'on aura bien voulu nous communiquer.

Nous nous ferons un véritable plaisir de faire connaître, dans la prochaine édition, les personnes qui auront la complaisance de nous envoyer leurs notes, pourvu qu'elles aient soin d'affranchir leurs lettres.

ADMINISTRATION
DE LA
LIBRAIRIE ET IMPRIMERIE
DE FRANCE.

Son excellence le C. Regnier, grand-juge, ministre de la justice, quai Voltaire et place Vendôme.

Le grand-juge donne ses audiences publiques les vendredis, depuis deux heures jusqu'à quatre. C'est dans ses bureaux que se présentent les pétitions dont le but est d'obtenir la publication de nouveaux journaux.

C. Dubois, conseiller d'état, préfet de police.

C. Piis, secrétaire général.

C. Boucheseiche, chef de la cinquième division. C'est dans ses attributions que se trouvent l'imprimerie, la librairie, les journaux et pamphlets, les peintures et gravures, les colporteurs de journaux, les afficheurs, etc. etc.

Pour obtenir la permission de la vente d'un livre, on lui en présente deux exemplaires; il fait savoir dans la huitaine si on l'a obtenue : ce délai expiré, on fait annoncer l'ouvrage, et pour cet effet deux exemplaires sont envoyés aux auteurs des ouvrages périodiques.

Pour constater sa propriété, il est nécessaire de faire le dépôt de deux exemplaires de l'ouvrage à la bibliothèque nationale, rue de la Loi. Là,

Le C. Capronier, administrateur,

Le C. Wanprat, conservateur des livres imprimés, donnent l'un ou l'autre un reçu du dépôt; ce qui devient indispensable en cas de contestation, et sert à établir le titre de propriété contre les contrefacteurs.

Lois relatives à la Librairie. Des formalités à observer pour atteindre les contrefacteurs.

Décret de la Convention nationale, du 19 juillet 1793, relatif aux droits de propriété des auteurs d'écrits en tout genre, des compositeurs de musique, des peintres et dessinateurs.

La convention nationale, après avoir entendu son comité d'instruction publique, décrète ce qui suit :

Art. I. Les auteurs d'écrits en tout genre, les compositeurs de musique, les peintres et dessinateurs qui feront graver des tableaux ou dessins, jouiront durant leur vie entière du droit exclusif de vendre, faire vendre, distribuer leurs ouvrages dans le territoire de la République, et d'en céder la propriété en tout ou en partie.

II. Leurs héritiers ou cessionnaires jouiront du même droit durant l'espace de dix ans après la mort des auteurs.

III. Les officiers de paix seront tenus de faire confisquer à la réquisition et au profit des auteurs, compositeurs, peintres ou dessinateurs et autres, leurs héritiers ou cessionnaires, tous les exemplaires des éditions imprimées ou gravées sans la permission formelle et par écrit des auteurs.

IV. Tout contrefacteur sera tenu de payer au véritable propriétaire une somme équivalente au prix de trois mille exemplaires de l'édition originale.

V. Tout débitant d'édition contrefaite, s'il n'est pas reconnu contrefacteur, sera tenu de payer au véritable propriétaire une somme équivalente au prix de cinq cents exemplaires de l'édition originale.

VI. Tout citoyen qui mettra au jour un ouvrage, soit de littérature ou de gravure, dans quelque genre que ce soit, sera obligé d'en déposer deux exemplaires à la bibliothèque nationale ou au cabinet des estampes de la République, dont il recevra un reçu signé par le bibliothécaire, faute de quoi il ne pourra être admis en justice pour la poursuite des contrefacteurs.

VII. Les héritiers de l'auteur d'un ouvrage de littérature ou de gravure, ou de toute autre production de l'esprit ou de génie qui appartienne aux beaux arts, en auront la propriété exclusive pendant dix années.

Loi du 25 prairial an 3, interprétative de celle du 19 juillet 1793, qui assure aux auteurs et artistes la propriété de leurs ouvrages.

La convention nationale, après avoir entendu le rapport de ses comités de législation et d'instruction publique, sur plusieurs demandes en explication de l'article III de la loi du 19 juillet 1793, dont l'objet est d'assurer aux auteurs et artistes la propriété de leurs ouvrages, par des mesures répressives contre les contrefacteurs, décrète ce qui suit :

Art. I. Les fonctions attribuées aux officiers de paix par l'article III de la loi du 19 juillet 1793 (*vieux style*), seront à l'avenir exercées par les commissaires de police, et par les juges de paix dans les lieux où il n'y a pas de commissaire de police.

II. Le présent décret sera inséré au bulletin de correspondance.

En remplissant les formalités requises pour constater la propriété, c'est-à-dire, le dépôt à la bibliothèque nationale, l'ouvrage est placé sous la sauvegarde des lois; tout contrefacteur et débitant de l'édition contrefaite peuvent être poursuivis devant les tribunaux. La plainte se porte devant les commissaires de police, juges de paix, etc.

Des prospectus et catalogues. Formalités auxquelles on est tenu.

Les prospectus qui sont le plan de l'ouvrage qu'on projette, renferment souvent une souscription.

Les souscriptions ne peuvent être ouvertes, suivant les réglemens, que chez les libraires, parce que leur état et leur fortune répondent de l'argent que le public veut bien avancer.

On fait connaître les prospectus ou annonces par la voie des journaux et autres ouvrages périodiques, de la même manière qu'on en use pour les ouvrages.

Mais il est indispensable, ainsi que pour les catalogues, s'ils contiennent moins de deux feuilles, de les faire timbrer.

On les met à découvert sous bande; les frais à la poste sont de 5 cent. par feuille pour toute la France.

Des droits d'entrée et de sortie des livres.

Toutes les balles ou caisses de librairie doivent être marquées *libri*, et accompagnées d'un catalogue certifié véritable par le libraire qui fait l'expédition : elles sont sujettes aux droits de douane.

Dans le cas où les marchandises doivent être expédiées sous plomb, les cordes seront aux frais des expéditionnaires, qui paieront en outre pour chaque plomb 75 cent.

Les droits de douane sont payés comptant, et les marchandises ne peuvent sortir des bureaux qu'après les avoir acquittés, soit à l'entrée, soit à la sortie.

Le droit de transit pour livres et caractères d'imprimerie est de 3 fr.

La librairie en langue étrangère ou savante doit les droits de balance, c'est-à-dire, 15 cent. par 100 fr. de valeur.

— En langue française, 6 liv. 12 s. par 5 myriagrammes br. par 102 livres poids de marc.

Les livres avec gravures ou estampes sont regardés comme estampes, lorsque le texte ne sert qu'à expliquer celles-ci, et alors ils paient 15 fr. par valeur de 100 fr.

— En langues étrangères ou savantes, avec ou sans gravures, lorsque ces dernières ne sont qu'accessoires, 15 cent. par 100 de valeur.

— En langue française, avec ou sans gravures, lorsque ces dernières ne sont qu'accessoires, 6 liv. 12 s. 5 myriagrammes br., rel. id.

De l'admission dans le Corps de la Librairie.

Pour être reçu libraire ou imprimeur, il fallait savoir le latin, et lire couramment le grec : on passait un brevet d'apprentissage pour quatre ans. Ces formalités ne sont plus nécessaires; mais on paie, pour le droit proportionnel des patentes et le dixième du loyer, en raison de la population des communes, dans les proportions suivantes :

	100,000,	50,	30,	20,	10,	5,	au-dessous.
Imprimeurs, 2e classe....	100,	80,	60,	40,	30,	25,	20 fr.
Libraires, 4e classe......	50,	40,	30,	20,	15,	10,	8
Bouquinistes, 6e classe....	30,	24,	18,	12,	8,	5,	4

Liste des ouvrages que la commission chargée de rédiger un plan d'études et de faire un choix des livres classiques a cru les plus propres à assurer le succès de l'enseignement.

Cette commission, composée de messieurs Fontanes, Champagne et Domairon, a été chargée par le Gouvernement de désigner les livres classiques à l'usage des lycées, pour les classes de latin et de belles-lettres. MM. Arnault, Dumouchel, Royer et de Wailly ont été adjoints à cette commission par le ministre de l'intérieur. Ils doivent s'occuper des travaux relatifs aux choix des *excerpta*, et de la reimpression des livres.

L'usage de ces livres est ordonné à toute école communale ou particulière portant le titre d'école secondaire.

Aucun ne peut être admis dans les écoles publiques, ni porter sur le titre à l'usage des écoles secondaires ou des lycées, si l'édition n'en a été faite ou adoptée par la commission.

Le secrétariat de la commission est au ministère de l'intérieur, division de l'instruction publique. C'est dans ce bureau que sera apposée sur tous les livres classiques une estampille sans laquelle les livres ne pourront être reçus dans les écoles.

OUVRAGES

Proposés pour l'enseignement des classes de mathématiques des Lycées.

SÉRIE LITTÉRAIRE.

OBJETS D'ENSEIGNEMENT.

1re *Année.*

6e classe. Latin. Chiffrer.

5e...... Latin. Les quatre règles.

2e *Année.*

4e classe. Latin. Géograghie.
3e...... Latin. Géographie. Élémens de Chronologie. Histoire ancienne.

3e *Année.*

2e...... Latin. Géographie. Histoire jusqu'à l'empire français. Mythologie.
1re..... Latin. Géographie. Histoire de France.

4e *et* 5e *Années.*

Belles-lettres latines et françaises.

SÉRIE MATHÉMATIQUE.

OBJETS D'ENSEIGNEMENT ET LIVRES PROPOSÉS.

Sixième classe.

Matin.. { Mathématiques. — L'*Arithmétique de* LACROIX, jusqu'aux fractions décimales exclusivement.
Histoire naturelle. — *Elémens d'histoire naturelle du cit.* DUMÉRIL.

Cinquième classe.

Soir... { Mathématiques. — Le reste de l'*Arithmétique de* LACROIX.
Principaux phénomènes de physique.
— *Elémens de physique du cit.* HAUY. (1re partie.)

Quatrième classe.

Matin.. { Mathématiques. Ire partie de la *Géométrie de* LACROIX.
Elémens de la sphère. — *Elémens d'astronomie du cit.* BIOT. (1re partie.)

Troisième classe.

Soir... { Mathématiques. — La 2e partie de la *Géométrie de* LACROIX.
Elémens d'astronomie. — *Elémens d'astronomie du cit.* BIOT (2e partie.)

Deuxième classe.

Matin.. { Mathématiques. — Le 1er volume de l'*Algèbre de* LACROIX.
Principes de la chimie. — *Elémens de chimie du cit.* ADET.

Première classe.

Soir... { Mathématiques. — L'*application de l'algèbre à la géométrie de* LACROIX, excepté la trigonométrie sphérique.
Notions de minéralogie. — *Elémens de minéralogie du C. Al.* BRONGNIART.

MATHÉMATIQUES TRANSCENDANTES.

5e *Année.*

Application du calcul différentiel et intégral aux courbes. — Complément des *Élémens d'algèbre de* LACROIX, 1re partie. *Traité élémentaire de calcul différentiel et de calcul intégral de* LACROIX.
Plans et cartes géographiques.

6e *Année.*

Application du calcul différentiel et intégral à la mécanique et aux fluides. — IIe partie du *Traité de* LACROIX, jusqu'à l'intégration des équations différentielles partielles exclusivement. — *Élémens de mécanique de* FRANCŒUR.

Principes généraux de la haute physique, de l'électricité et de l'optique. *Élémens de physique du cit.* HAUY (2e partie.)

RÉCAPITULATION.

MATHÉMATIQUES.

La commission propose :

Pour la 6e et la 5e classe de mathématiques, le *Traité élémentaire d'arithmétique de* LACROIX ;

Pour la 4e et la 3e, les *Élémens de géométrie* du même auteur ;

Pour la 2e, les *Élémens d'algèbre de* LACROIX ;

Pour la 1re, le *Traité élémentaire de trigonométrie et de l'application de l'algèbre à la géométrie*, du même ;

Pour les deux années du cours de mathématiques transcendantes, le complément des *Élémens d'algèbre de* LACROIX ; *son traité élémentaire de calcul différentiel et de calcul intégral* ; le *Traité élémentaire de mécanique de* FRANCŒUR.

PHYSIQUE ET CHIMIE.

La Commission n'ayant point trouvé de livres propres à l'enseignement des sciences physiques dans les lycées, propose de charger le C. DUMÉRIL, professeur à l'école de médecine, de rédiger les *Élémens d'histoire naturelle* pour la 6e classe de mathématiques ; et le cit. Alexandre BRONGNIART, ingénieur des mines, ceux *de minéralogie* pour la première.

Le cit. ADET, membre du Tribunat, les *Élémens de chimie* pour la deuxième ;

Le cit. BIOT, professeur de physique mathématique au Collège de France, les *Élémens d'astronomie* pour la 4e et la 3e ;

D'inviter le cit. HAUY à écrire les *Traités de physique* ; et, si ce savant ne pouvait s'en charger, (Il a publié son ouvrage.) le cit. BIOT serait indiqué pour faire ce travail.

Fait et arrêté par les membres de la Commission.

Paris, le 20 germinal an XI.

LAPLACE, MONGE, LACROIX.

CHOIX des livres classiques pour le latin et les belles-lettres.

SIXIÈME CLASSE.

On commencera par la Grammaire française.

Grammaire française de LHOMOND.

Ouvrages latins.

Ire partie de la méthode latine du cit. GUEROULT, ou rudiment de LHOMOND.

Epitome historiæ sacræ de LHOMOND.

Epitome historiæ Græcæ de SIRET.

Appendix de Diis de JOUVENCY.

Ouvrages français.

Catéchisme historique de FLEURY.

CINQUIÈME CLASSE.

Ouvrages latins.

IIe partie de la Méthode latine du cit. GUEROULT.

De Viris illustribus Romæ de LHOMOND.

CORNELIUS NEPOS.

PHÆDRI *Fabulæ.*

Quelques lettres de CICÉRON, des des plus courtes et des plus aisées.

Dictionnaires des commençans.

Ouvrages français.

Fables de LA FONTAINE. — On apprendra par cœur les Fables imitées de Phèdre.

Mœurs des Israélites.

CHOMPRÉ. Petit Dictionnaire de la Fable.

QUATRIÈME CLASSE.

Ouvrages latins.

Selectæ è profanis.
JUSTIN.
Choix des Métamorphoses d'Ovide.

La Création. — L'Age d'or. — Phaéton. — Méléagre. — Philémon et Baucis, etc.

Trois Eglogues de VIRGILE.
Ire, IVe et Ve.

M. T. CICERONIS *Eclogæ*, ou Pensées de CICÉRON, par d'OLIVET.

On commencera à se servir des Dictionnaires latin de BOUDOT, et français de LALLEMANT.

Ouvrages français.

Dialogues de FÉNÉLON.
Fable d'Aristonoüs.

Portraits choisis de LA BRUYÈRE.
Le Vocabulaire français de MM. DE WAILLY.

Géographie.

Abrégé de la Sphère et de la Géographie de CROZAT.
Cartes. Mappemonde.

Atlas des quatre parties du monde, avec leurs principales divisions, commenté par MENTELLE.

TROISIÈME CLASSE.

Ouvrages latins.

Au commencement de ce cours, la Prosodie latine de CHEVALIER.
QUINTE-CURCE.
CÉSAR, *de Bello Gallico.*
CICÉRON.

De Senectute.
De Amicitiâ.

Épisodes des Géorgiques de VIRGILE.

Les prodiges arrivés à la mort de César.
L'éloge de la vie champêtre.
La peste des animaux.
Le Vieillard de Galèse.
La description du printemps.
L'épisode d'Aristée.

Le 1er livre de l'Enéide.

Ouvrages français.

Traduction des Géorgiques de DELILLE. — A lire et à apprendre par cœur.
Télémaque.
Histoire de Charles XII.

Histoire et Géographie.

Tablettes chronologiques à l'usage du Prytanée, ou le Tableau historique de PREVOST d'IRAY.
Rudimens d'histoire, par DOMAIRON.

Evénemens antérieurs à la dispersion des hommes.
Origine primitive des nations.
Epoques générales de l'établissement et de la destruction des gouvernemens anciens.
Epoques générales de l'établissement des gouvernemens modernes.
Peuples anciens jusqu'à la fin de la République romaine.

Recueil de cartes de l'histoire ancienne pour l'école militaire, par ROBERT DE VAUGONDY.

DEUXIÈME CLASSE.

Ouvrages latins.

SALLUSTE.
Continuer VIRGILE.

Deuxième livre de l'Enéide.

Cinq ou six Odes d'HORACE.

Mæcenas atavis, etc.
Jam satis, etc.
Sic te, diva potens, etc.
Eheu fugaces, etc.
Auream quisquis mediocritatem, etc.
Quis desiderio sit pudor aut modus, etc.
Solvitur acris hyems, etc.

CICÉRON.

Pro Ligario.
Pro Marcello.

TITI-LIVII, *Res memorabiles.*

Ouvrages français.

La Conjuration de Venise, par SAINT-RÉAL.

Les Révolutions de Portugal, Les Révolutions romaines. } par DE VERTOT.

Mythologie de TRESSAN.

Histoire et Géographie.

Rudimens de l'histoire, *suite.*

Peuples modernes jusqu'à la France.

Géographie de NICOLE DE LA CROIX.

Sur-tout Asie, Europe, Afrique.
Avec les Cartes modernes.

PREMIÈRE CLASSE.

Ouvrages latins.

Continuer TITE-LIVE.

Guerres puniques.

Continuer VIRGILE.

Cinquième livre de l'Enéide.

CICÉRON.

Pro lege Maniliâ.

Quelques lettres de PLINE.

Quelques Odes d'HORACE, plus difficiles.

Beatus ille qui procul negotiis, etc.
Qualem ministrum, etc.
Justum et tenacem, etc.
Pastor cùm traheret, etc.
Tyrrhena regum progenies, etc.
Odi profanum, etc.
O diva, gratum, etc.

Une Epître et une Satire d'HORACE.

Qui fit, Mæcenas, etc.
Hoc erat in votis, etc.

Continuer la poésie latine.

On formera les élèves aux narrations latines et françaises.

Ouvrages français.

Discours sur l'histoire universelle, de BOSSUET.

Choix de lettres de madame DE SÉVIGNÉ.

ROUSSEAU le Lyrique.

La neuvième Satire et l'Épître à Lamoignon de BOILEAU.

Tropes de DUMARSAIS.

Continuation de la Mythologie de TRESSAN.

Histoire et Géographie.

Rudimens de l'histoire.

Article France, jusqu'à la fin.

France par provinces, par départemens.

Gallia antiqua, carte de DANVILLE.

CLASSE DE BELLES-LETTRES.

Ouvrages latins.

HISTORIENS.

TITE-LIVE.

Continuation des Guerres puniques.

TACITE.

Germanicus, Agrippine à Brindes, etc.
Vie d'Agricola.
Mœurs des Germains.

Ouvrages français.

Grandeur et décadence des Romains, par MONTESQUIEU.

POÈTES LATINS.

VIRGILE.

Sixième livre de l'Enéide.
Épisode de Cacus, Nisus et Euryale.
Funérailles de Pallas.
Le Bouclier d'Enée.

On s'attachera à faire sentir les beautés poétiques de VIRGILE.

TÉRENCE.

L'Andrienne.

LUCRÈCE. Quelques prologues de ses chants.

Suave mari magno, etc.
Description de la peste.

LUCAIN.

César passant le Rubicon.
L'apparition de la Patrie.
La Forêt de Marseille.

HORACE.

Ars poetica.

POÈTES FRANÇAIS.

RACINE.

Esther et Athalie.

VOLTAIRE.

Le septième chant de la Henriade.

MOLIÈRE.

Le Misanthrope.

BOILEAU.

Art poétique.

ORATEURS ET PHILOSOPHES.

Ouvrages latins.

Conciones è veteribus historicis excerptæ.

Conciones è veteribus poetis, etc., par les cit. NOEL et DELAPLACE.

CICÉRON.

Première et deuxième Catilinaires.

Une Verrine.

Pro Milone.

Quelques fragmens choisis de SÉNÈQUE et de PLINE le Naturaliste.

Ouvrages français.

BOSSUET, Oraisons funèbres :

Pour la reine d'Angleterre.
Pour la duchesse d'Orléans.
Pour le grand Condé.

FLÉCHIER, Oraisons funèbres :

Pour Turenne et Montausier.

Quelques Eloges de FONTENELLE, au gré des professeurs.

Eloge de Marc-Aurèle par THOMAS.

MASSILLON, Petit Carême.

FÉNÉLON, Existence de Dieu.

LA BRUYÈRE, Morceaux choisis.

Vues sur la nature, de BUFFON.

Quelques descriptions d'animaux.

On continuera la poésie latine. — Essai de versification française. — Prosodie de d'Olivet. — Synonymes de GIRARD.

Fait et arrêté par les membres de la commission, le 25 floréal an XI.

FONTANES, CHAMPAGNE, DOMAIRON.

Il a été fait une pétition pour demander que cet arrêté n'eût pas lieu.

On peut s'adresser, pour ces divers ouvrages, librairies de MM. Barbou, Bleuet père, Colas, Courcier, Debray, Delalain aîné, Delalain jeune à Rouen; Delance, Desessarts, Deterville, Dufour, Goujon fils, Laurens jeune, Lenormand, Levrault et comp., Mentelle, Nyon, Onfroy, veuve Panckoucke, Rémond, Renouard, Rondonneau, Savoye, Tournachon-Molin à Lyon, et chez tous les libraires faisant la commission, etc.

CATALOGUE des ouvrages imprimés par souscription, et de ceux qui se vendent chez leurs auteurs.

ABRÉGÉ de l'Histoire Universelle sacrée et profane, par fig. gravées par le cit. *Duflos*, rue Copeau, nº 529; le prix de chaque cahier 4 fr., les 33 cahiers 120 fr.

ALAMBIC littéraire, (l') par le C. *Grimod de la Reynière*, rue des Champs-Élysées, nº 8. 2 vol. in-8, 7 fr.

ALMANACH du Commerce de Paris, pour l'an 12. Les cit. *Duverneuil et de la Tynna*, rédacteurs-associés, rue J. J. Rousseau, nº 385, in-8, 6 f.

ALMANACH portatif des Commerçans de Paris, pour l'an 12. Chez le réd. Ant. *Bailleul*, rue neuve Grange-Batelière, nº 3, in-18, 2 fr.

ANALYSE de la Statistique générale de la France, publiée par Alex. *de Ferrière*; le premier cahier, contenant le département de la Moselle, est maintenant en vente chez Bailleul, rue N. Grange-Batelière, n° 3; Colnet rue du Bacq, n° 518, in-folio, 3 fr., in-8, 1 fr. 80 c.

ANALYSE raisonnée du Droit français, par *Gin*, 4 vol. in-8. Le premier est en vente chez Garnery. Prix de Paris, 2 fr.

ANNALES de l'Agriculture française, rédigées par *Texier*. Prix de la souscription pour 12 cahiers, 24 fr.; le 48e termine le 12e volume, qui est en vente chez madame Huzard.

— du Musée et de l'Ecole moderne des beaux-arts, recueil de gravures au trait, rédigées par *Landon*, peintre, quai Bonaparte, n° 23. Le prix de l'abonnement est de 7 fr. 50 c. pour trois mois, 15 fr. pour six mois, et 30 francs par an. Il paraît trois livraisons par mois, composées chacune de quatre gravures.

— de l'Imprimerie *des Aldes*, ou Histoire des trois *Manuce* et de leurs éditions, par Ant. Aug. *Renouard*, rue Saint-André-des-Arcs, n° 42, 2 vol. in-8, 14 fr.

— du Muséum national d'Histoire Naturelle, par *Haüy*, *Faujas-Saint-Fond*, etc.; 12 cahiers, terminant la première année, et complétant le 2e vol. in-4°.

On souscrit à Paris chez Levrault, Schoell et compagnie, libraires, quai Malaquais, et à Strasbourg, même maison de commerce; pour six mois 27 fr. pour un an 48 fr.

ARCHITECTURE civile, maisons de ville et de campagne, par L. A. *Dubut*, cloître Notre-Dame, n° 2, 13 cahiers, papier ordinaire, 65 fr.

ARITHMÉTIQUE simple, 50 c.; arithmétique composée, 1 fr.; l'Art du peintre doreur et vernisseur, 5e édit. in-8, 5 fr.; la Grammaire française et l'ortographe apprises en 8 leçons, 2 fr. 50 c. Etat actuel de Paris, 2 vol., 1 fr. 50 c., chez le cit. *Prévost-Saint-Lucien*, rue Apolline, n° 34.

ART (l') de procréer les sexes à volonté; l'Art d'améliorer les générations, par le cit. *Milot*, rue du Jour, n° 455, 3 vol. in-8, 12 fr.

— de composer la musique sans en connaître les élémens, par le cit. *Calle-Gari*, rue des Saints-Pères, n° 16, 24 fr.

ATLAS historique et géographique, par M. A. *Le Sage*, rue Saint-Florentin, n° 6; le prix de chaque livre 10 fr., pap. fin 15 fr.; les cinq qui ont paru 50 fr.

BIBLE de Lemaître de Saci; nouv. édit. ornée de 300 fig., dessin de Marillier, gravé par *Ponce*, rue du faubourg Saint-Jacques, n° 223; in-4, 24 fr.; in-8°, 12 francs. La 24e livraison est en vente.

— en latin et en français, par le R. P. *de Carrière*, 10 vol. in-8, grand pap. 36 fr.; Toulouse, *Gaude*, rue Saint-Rome, n° 44.

BIBLIOTHÈQUE géographique et instruct. des jeunes gens, ou Recueil de voyages intéressans par Campe, Paris, Dufour, rue des Mathurins, et à Amsterdam chez le même; prix de la souscription, 15 fr. 2e année.

— portative du voyageur, ou collection des meilleurs ouvrages français, en prose et en vers, format in-36, chaque vol., 1 fr. 25 c. Il en paraît 28 chez Fournier et fils, imprimeurs-libraires, rue Haute-Feuille, n° 27.

— (nouvelle) d'un homme de goût, ou Tableau de la littérature ancienne et moderne, par *Des-Essarts*, rue du Théâtre Français, n° 9, 4 vol. in-8, 10 fr. On trouve chez le même les Trois Siècles de la littérature, 7 vol. in-8, 28 fr. Les Procès fameux, 22 vol. in-12. Le Dictionnaire de police, 8 vol. in-4.

BOUSSOLE (la) des Spéculateurs, ou Traité complet et méthodique de la Science du commerce, 4 vol. in-8; prix de la souscription, 40 fr., chez Obré, libraire, rue Mignon-S.-André des Arcs, et quai des Augustins. Les deux premiers volumes sont en vente; cet ouvrage est du citoyen *Malisset*, auteur de la parfaite Intelligence du commerce.

CARTE générale du théâtre de la guerre en Italie, par *Bacler Dalbe*, rue des Moulins, n° 542, 56 fig., gr. pap. col., 300 fr. Chez le même, Ménales pittoresques et historiques des paysagistes, in-4; prix de la souscrip., 48 fr. pour un an.

CHOIX de costumes civils et militaires des peuples de l'antiquité, par N. X. *Willemain*, au Musée des Petits-Augustins, petit in-fol., 10 liv. de six pl. chaque, 9 fr.

— des plus beaux morceaux du Paradis Perdu de Milton, traduit en vers, par Louis Racine et Nivernois, avec une notice sur la vie de Milton, par G. M. *Bontemps*, rue Traversière, n° 793, in-12, petit pap., 1 fr. 50 c.

CIVILITÉ (la) puérile et honnête, par *Dubroca*, rue de Thionville, n° 1760, in-12, 75 c. Chez le même, de l'éloquence de la Chaire, in-12, 2 fr. 50 c.; les Femmes célèbres de la Révolution, in-12, 2 fr. 50 c.; Guide du jeune militaire, in-12, 2 fr. 50 c.; Histoire Universelle de Bossuet, par D. et R., in-12, 2 fr.; Nouvelle Géographie élémentaire de la France, in-12, avec carte, 4 fr. 50 c.; Principes raisonnés sur l'art de lire à haute voix, in-8, 5 fr.

CLASSIQUE (le) des Dames, ou Cahiers élémentaires d'histoire, de géographie, de mythologie, d'histoire naturelle, de langue française et anglaise, par *Guinaud-Laoureins*, rue du Four-Honoré, n° 8, 3 fr. le vol.; le 3e est en vente.

COLLECTION de têtes d'expression par J. et A. *Sauvage*, dit Le Mire, 2 cahiers de six planches chaque, pap. ord., 6 fr., p. v. 9 fr.

CORNELIUS Nepos français, ou Notice historique sur ceux qui se sont illustrés dans la guerre de la révolution, par M. *Châteauneuf*, rue des Bons-Enfans, n° 16; prix de la souscript. 15 fr., 1er et 11 cahiers séparés, 3 fr.

CORRESPONDANCE sur l'art de la représentation théâtrale et sur celui de l'orateur, chez *Dorfeuil*, rue de Corneille, n° 2.

— politique et confidentielle de Louis XVI avec sa famille pendant les dernières années de son règne, jusqu'à sa mort, avec des observations, par H. M. *Williams*, rue de Vaugirard, n° 939, 2 vol. in-8, 7 fr. 50 c.

COURS historique et élémentaire de Peinture, ou Galerie du Muséum, par *Filhol*, rue des Francs-Bourgeois, n° 785, chaque liv. de format in-8, contient six planches pap. ord., 8 fr., pap. vélin, 12 fr.; 17 paraissent.

— de Droit civil français, par *Bernardi*; il paraîtra successivement par cahiers de 12 feuilles chacun, chez Garnery, libraire, rue de Seine. Prix de Paris, 2 fr. Le 3e est en vente.

— complet de Jeux instructifs, par L. *Gaultier*, rue de Grenelle-Saint-Germain, n° 1121; 18 vol. in-18 2 atlas, et un bureau, 33 fr.

DICTIONNAIRE raisonné des matières de législation civile, criminelle, de finances et administratives, par l'auteur du Répertoire du Domaniste: chez Rondonneau, place du Carrousel. Tomes I et II, lettres A et C. Chaque vol. 5 fr.

— militaire, par le cit. Gournay, rue Saint-Dominique-Saint-Germain, n° 51, 3 vol., in-8, 20 fr.

— universel, géographique, statistique, historique et politique de la France, chez Baudouin, impr.-libr., rue de Grenelle S. G., n° 1131; 4 vol. in-4°. Le 1er vol. est en vente; prix, 15 fr.

— néologique des hommes et des choses, par le Cousin Jacques. L'abonnement pour 15 cahiers, 30 fr.; 9 ont paru.

— des arbitrages de changes, par

Fr. *Corbaux Junior*, rue Thérèse, n° 588, 2 vol. in-4, 69 fr. cart.

ENCYCLOPÉDIE méthodique, 67 liv. Agasse, rue des Poitevins.

ÉPHÉMÉRIDES, politiques, littéraires et religieuses; chez Lenormand, rue des Prêtres Saint-Germain l'Auxerrois, 12 vol., in-8, 36 fr.

ÉTUDES d'arbres, par *Descennes*, gravées à la manière du crayon, chaque cahier de 4 feuilles, 4 fr.

— paysages et animaux, gravés à la manière du crayon, par Couché, chaque cahier de cinq pl. avec exemplaire en trois langues, 6 fr., sur pap. vél., col., 26 fr.

ESSAI sur la Physiognomonie, destiné à faire connaître l'homme et à le faire aimer, par *J. Gaspar Lavater*. 4 vol. in-4. 240 fr. Le 4e vol. qui contient les règles physionomiques, ou observations sur quelques traits caractéristiques, se vend séparément 54 fr. chez Francart, quai des Augustins.

FASTES du peuple français, ouvrage destiné à immortaliser les actions héroïques et civiques du militaire et du citoyen. Chaque livraison contient 12 grav. form. gr. in-4°; 10 fr. pap. ordin. La 2e est en vente chez l'auteur, *Ternisien* d'*Haudricourt*, rue de Seine, n° 1434.

GALERIE de Florence et du palais Pitti, contenant les tableaux, bas-reliefs et camées de cette galerie, grav. par *Masquelier*, rue de la Harpe, n° 493; prix de la livraison, in-fol., 24 fr.; la 26e est en vente.

GALERIE du Louvre, représentée par des gravures à l'eau forte, texte anglais et français, format in-folio atlantique, par *Bidout*. Prix de la livraison, fig. en noir, 18 fr., fig. coloriées, 30 fr. Chez Crapart et compagnie, libraires, rue Pavée.

— du Palais-Royal, par *Couché*, rue des Francs-Bourgeois, n° 794; prix de chaque liv., 15 fr., la 43e est en vente.

GÉOGRAPHE (le) manuel, à l'usage des négocians et des voyageurs, seconde édition; chez l'éditeur, rue Saint-Honoré, barrière des Sergens: in-12 avec tableaux, 3 fr.

GÉOGRAPHIE mathématique, physique et politique de toutes les parties du monde, publiée par *Edme Mentelle*, membre de l'institut, et *Malte Brun*. 15 vol. in-8 avec atlas, 122 fr. Les dix premiers vol. 60 fr., chez Tardieu, rue des Mathurins, n° 335.

— Universelle, rédigée sur un plan neuf, par *J. Pinkerton*. Cet ouvrage se trouve chez Dentu, palais du Tribunat. Les 6 vol., avec atlas, 42 fr.

GRANDS Prix d'Architecture, publiés par *Detournelle*, rue du Théâtre-Français, n° 5. Prix de chaque livraison, six pl. au trait, 3 fr. 50 c. pap. d'Holl.; 4 fr. 50 c. lavé et colorié, 24 fr. La dixième livraison est en vente.

GUIDE de l'enseignement musical, par *Corbelin*, rue du Battoir, n° 11.

GUIDE pratique pour traduire du français en anglais, par *C. Poppleton*, rue Saint-Honoré, au coin de celle Traversière; in-8. 3 fr.

HERMÈS, ou Recherches philosophiques sur la grammaire universelle; ouvrage tr. de l'angl. de *J. Harris*, avec des remarques et des additions par *Thurot*, rue du faubourg Saint-Honoré, n° 56; in-8, 5 fr.

HISTOIRE naturelle, générale et particulière, par *Leclerc de Buffon*: nouvelle édition, accompagnée de notes, rédigée par *Sonnini*, formant un cours complet d'histoire naturelle. Chaque livraison 8 fr. La 49e est en vente.

— Des Oiseaux de Paradis, les toucans, les barbus, les rolliers et les promerops, par *Levaillant*: chaque livraison de six planches coloriées, 36 fr. La 20e est en vente chez Perlet, rue de Tournon, et Denné, rue Vivienne.

— Des Perroquets, par le même, gr. in-4. Chaque livraison coloriée de six planches, 24 fr. La 24e se trouve chez Levrault et Schoel, quai Malaquais.

Histoire d'une partie d'oiseaux nouveaux et rares de l'Amérique et des Indes, par le même. Chaque livraison en noir, 6 fr.; coloriée, 18 fr.; in-fol. pap. vél. 30 fr., chez Fuchs, rue des Mathurins.

— Des Hébreux, par *Mentelle*, rue des Orties, n° 12.

— De la Vie de Jésus-Christ, par le père *de Ligny*, avec le texte latin de l'Evangile, 2 vol. in-4, ornée de 60 gravures : 3 fr. 75 c. chaque livraison; 4 fr. pap. satiné; fig. avant la lettre, 8 fr. A la Société Typographique, quai des Augustins.

Iliade (l') et l'Odyssée d'Homère, et les tragédies d'Eschyle, d'après *J. Flaxmann*, par *Dufrêne*, deux cahiers de 30 à 32 planch. au trait. Chaque cahier, 12 fr.; rue du Helder, n° 10.

— Dessinées d'après l'antique par *Tischbein*, avec les explications de *Gosltheyne*, format gr. in-fol. Chaque livraison 36 fr. La 4e est en vente chez Collignon, à Metz; et à Paris, chez Levrault et Schoel.

Jardin (le) des Racines grecques, par *Gail*, Collége de France; in-12. Odes d'Anacréon, etc. etc.

— De la Malmaison, par *Ventenat*, grand in-fol. sur pap. vélin, fig. color. Chaque livraison de six planches avec le texte, 40 fr. Treuttel.

Journal (le) de poche, nécessaire, surnommé l'indispensable, in-12, 2 fr. 40 c.; chez l'éditeur, rue Saint-Honoré, barrière des Sergens.

Liliacées (les) par *Redouté*; grand in-fol. pap. vél. Chaque livraison de six planch. color. 36 fr. Treuttel et Wurtz. La quatrieme est en vente.

Manuel de Littérature classique ancienne, traduit de l'allemand de *M. Echeimburg*, par *F. Cramer*, rue des Bons-Enfans, n° 12; 2 vol. in-8. 9 fr.

Manuel Topographique et militaire, redigé au dépôt de la guerre par l'ordre du ministre; 3 fr. 50 c. chaque livr. Chez Treuttel et Wurtz, Barrois, Magimel. La 8e est en vente.

— Du Muséum Français, par *E. T. M.* Quatrième livraison, chez Treuttel et Wurtz, quai Voltaire, n° 2; 9 fr.

Mémoires d'Agriculture, d'économie rurale et domestique, chez Huzard, rue de l'Eperon; 5 fr. le vol. Le 4e est en vente.

Ménagerie (la) du Muséum national, ou les animaux vivans peints d'après nature, sur vélin, par *Maréchal*, gravés par *Miger*, avec des notes descriptives de *Lacépède* et *Cuvier*. Chaque livraison de quatre planc. 8 fr. La 8e livraison se trouve chez Patris.

Métamorphoses d'Ovide (Choix de), gravé d'après differens maîtres, par *Huet* aîné. 2 part. de 50 planc. chacune, 5 francs, chez Marcilly, rue Saint-Julien-le-Pauvre, n° 13.

Monumens antiques inédits ou nouvellement expl., par *A. L. Millin.* Seconde livraison ornée de planches, 8 fr. chacune. Chez l'auteur.

Mosaïque d'Italica, par *Alexandre Laborde*; grand in-fol. papier vél. cart. fig. color. 200 fr.

Musée (le) Français, recueil complet des tableaux, statues et bas-reliefs qu'il renferme, par *Robillard-Péronville* et *Laurent*. Chaque livraison de quatre planch. 48 fr., et 96 fr. avant la lettre. La 5e est en vente chez Robillard-Péronville, rue de la Concorde, n° 26.

— Des Monumens Français, par *Alexandre Lenoir*; au Musée des Petits-Augustins. 3 vol. in-8° 30 fr.

Nouveau Dictionnaire d'Histoire naturelle, par une société de naturalistes. Chaque livraison, 3 vol. in-8, fig., 19 fr. 50 c. La 7e est en vente chez Deterville, rue du Battoir.

Nouveau Style des Notaires de Paris, chez Hacquart, rue Gît-le-Cœur, n° 16 : 5 vol. in-8, 25 fr. Les 4e, 5e et dernier volumes sont en vente ; 9 fr. 50 c.

NOUVELLE Architecture Française, ou Collection des édifices publics et maisons particulières de Paris, gravés au trait par *J. Ch. Krafft* et *Raisonnette*, rue du Figuier, n° 43. Chaque livraison de six planc. 6 fr. La 18e a paru.

NOUVELLE Collection de classiques anglais, publiée par *Th. Barrois* fils, quai Voltaire. Chaque vol. in-12 1 fr. 50 c.

NOUVELLE Collection de figures pour les Œuvres de J. J. Rousseau, qui sera composée de 48 estampes en huit livraisons, chez Renouard. La 4e est en vente. Prix 4 fr. ; avant la bordure, 8 fr.

NOUVELLE Bibliothèque des romans, par une société de gens de lettres, dont un vol. paraît chaque mois, et deux à la fin de chaque trimestre ; prix, 25 francs, et 35 fr. franc de port. Le quatrième volume de la sixième année paraît chez Demonville, imprimeur-libraire, rue Christine.

ŒUVRES d'Architecture de *Ledoux*, rue Basse-d'Orléans, n° 227. L'ouvrage est proposé par inscription ; 4 volumes in-folio. Chaque volume 228 francs.

— de Plutarque, trad. d'*Amyot*, avec les notes et les observations de MM. *Brotier* et *Vauvilliers* : nouvelle édition, revue par *Clavier*, en 25 vol. in-8, la table comprise, ornée de fig. en taille-douce, d'un grand nombre de portraits et monumens antiques : prix du vol. 6 fr. carré fin ; 12 fr. 50 c. carré vélin ; 8 fr. 50 c. grand raisin fin ; 16 fr. 50 c. grand raisin vélin. Il y en a 22 vol. de publiés chez Cussac, imprimeur-libraire, rue des petits-Champs, n° 33.

PANDECTES françaises, ou Recueil complet de toutes les lois en vigueur. Chez Riffet-Caubré, place de Thionville, n° 13. Le prix de chaque volume est de 5 fr.

PARIS et ses monumens, dessinés, mesurés et gravés par *Baltard*, avec une description historique par *Amaury-Duval*. Chaque livraison de trois planch. grand aigle, 32 fr. ; grand colombier, v. satiné, 28 fr. ; pap. ordin. 16 fr.

PASIGRAPHIE (la) ; l'art d'écrire dans une langue de manière à être lu et compris dans toutes les autres par des pasigraphes. Cet art se borne à douze caractères et à douze règles. Cette méthode, 1 vol. in-4, se vend 12 fr. chez l'auteur, M. *de Maimieux*, rue et faubourg Montmartre, n° 25.

PETITE Encyclopédie poétique, ou Choix de poésies dans tous les genres. 12 vol. 18 fr. Le premier vol. est en vente chez Capelle et compagnie, rue J. J. Rousseau, n° 346.

PLANS, coupes et élévations des diverses productions de l'art de la charpente, par *J. Ch. Krafft* : gr. in-fol. pap. ordin. 24 fr. ; pap. vél. d'Hollande, 36 fr.

PLANTES (les) grasses, par *Redouté*. Prix de chaque livraison in-fol. pap. vél., 30 fr. ; in-4 12 fr. La 23e est en vente chez Garnery, rue de Seine.

PORTE-FEUILLE des Artistes, ou Recueil d'accessoires d'après l'antique, dessiné par *Vautier* et *A. Guyot*, rue et maison des Mathurins. Chaque cahier de 12 planch. 5 fr. Le second a paru.

— (Le) des Enfans, mélanges intéressans d'animaux, fruits, fleurs, habillemens, etc. 130 planch. grav. sous la direction du cit. *Cochin*, avec des explications rédigées par *Duchêne* et *Leblond*, rue Colbert. 25 cahiers in-4, 30 fr.

PRÉCIS des Leçons d'Architecture données à l'école polytechnique par *J. N. L. Durand*, 32 planch. gravées au trait par *Normand* et *Baltard*. 20 francs.

QUADRILLE (le) des Enfans, par *Bertoud*, rue du faubourg Saint-Honoré. In-8, fig. et fiches, 18 fr.

QUESTIONS (des) de droit qui se présentent le plus fréquemment dans les tribunaux : ouvrage dans lequel on trouve les jugemens du tribunal de cassation, par le cit. *Merlin*, commissaire du Gouvernement. 12 f. le vol. in-4. Les deux premiers vol. sont en vente chez Danel, rue Saint-Avoie, près la rue du Plâtre, n° 41.

RECHERCHES sur les costumes, les mœurs, les usages religieux, civils et militaires des anciens peuples, par *J. Maillot*, publié par *P. Martin*, qui se propose de le publier en trois livraisons de six mois en six mois, dont la première a dû paraître le 15 frimaire an 12. Les souscriptions sont reçues chez le C. Charpentier, notaire, rue de l'Arbre-sec, à raison de 25 fr. par vol.

RECUEIL de combats et d'expéditions maritimes, grav. par *Dequevauvillers*, rue Hyacinthe, n° 530. 74 pl. grand in-fol., 32 fr.

RECUEIL de Gravures, d'après les vases antiques d'Hamilton, avec des observations, publié d'après *Tischbein*. Première livraison, 20 planc. au trait, 9 fr.

— De Décorations relatives à l'ameublement, etc. par *Percier* et *Fontaine*. 6 planch. gravées au trait, par cahier, 4 fr. ; pap. d'Holl. 9 fr. La 4e est en vente.

— Et Parallèle des édifices de tout genre, anciens et modernes, dessinés par *J. N. L. Durand*. Chaque cahier, 12 fr. Les 15 cahiers 180 fr.

RÉPERTOIRE du Théâtre-Français, ou Recueil des tragédies et comédies restées au théâtre depuis Rotrou, pour faire suite aux éditions in-8 de Corneille, Molière, etc. 20 vol. in-8 ornés de belles gravures. Chaque livraison de 3 vol. 18 fr. La seconde paraît chez Perlet, rue de Tournon.

ROSES (les), dessinées et enluminées d'après nature, avec une dissertation botanique par le D. *Roessig*. Grand in-4 pap. vél. Prix 6 fr. la livraison, chez Renouard.

RUINES (les) de Pæstum et Possidonia, levées, mesurées et dessinées par *Delagardette*. In-fol. 33 fr.

SCIENCE de l'Histoire, contenant le système général des connaissances à acquérir avant d'étudier l'histoire, développée par tableaux synoptiques, par *P. N. Chantreau*. On trouve chez Goujon fils, imprimeur-libraire, rue Taranne, n° 737, le premier vol. in-4 gr. pap. Prix 30 fr.

— Des Signes, ou Médecine de l'esprit, vulgairement connue sous le nom de l'art de tirer les cartes, par *Dodoucet*, rue Saint-Benoît, n° 21 : in-12 2 vol. fig., 6 fr.

SUJETS de vases grecs, choisis dans la collection du chevalier Hamilton. Chaque cahier de six planch. au trait 3 fr. Le douzième est en vente.

SYSTÊME universel et complet de Sténographie, ou Manière d'écrire aussi vite que la parole, par *Bertin*, rue de la Sonnerie, n° 1 : quatrième édition, in-8, ornée de 12 planc. 9 fr.

TABLEAUX de la révolution et campagnes d'Italie : *Aubert*, éditeur et propriétaire, rue St.-Lazare, n° 88. Le prix de chaque livraison, 6 fr. La 68e a paru.

TACHIGRAPHIE (la), par *Coulon-Thévenot*, rue Sainte-Marguerite.

THÉORIE de l'Horlogerie, par *Fetil* aîné, rue du faubourg du Roule, n° 219. Prix, 7 fr.

TRAITÉ des Arbres et Arbustes que l'on cultive en France, et en pleine terre, par *Duhamel* : nouv. édition, chez Et. Michel, rue des Francs-Bourgeois, au Marais, n° 699. Prix de chaque livraison, les planch. en noir, 9 fr. fig. vél. ; imprimée en couleur, 18 fr. ; *idem* sur Nom de Jésus, 30 fr. La 17e livrais. a paru.

VIE de Nicolas Poussin, considéré comme chef de l'école française, précédée d'un précis historique des peintres français depuis François I jusqu'à Louis XIV, par M. *Gault de Saint-Germain*. Le prix de chaque livraison composée de six planches, pap. ordinaire, 8 fr.; pap. vélin, 12 fr. La première livraison est en vente chez Perlet, rue de Tournon.

VIES des Peintres, Sculpteurs et Architectes les plus célèbres, par *G. Vasari*, trad. de l'italien, avec les portraits gravés par *Boichot*. Le premier vol. 6 fr., chez Boiste, rue Hautefeuille.

— Et Œuvres complètes des Peintres les plus célèbres de toutes les écoles, avec le portrait des artistes, par *C. P. Landon*. Le premier vol. contenant la vie, le portrait et 60 planches, dont 12 doubles, de l'œuvre du Dominiquin, a paru; le second sera publié incessamment. Prix de chaque vol. in-4 cart. pap. ord. 25 fr.; pap. vél. 37 fr. 50 c.; in-fol. vél. satiné, 50 fr.

VOYAGE pittoresque de Scandinavie, cahier in-4, de 24 vues de la Laponie, décrites pour la première fois; les planch. sont exécutées à l'aqua tinta : 48 fr.

— de Constantinople et de ses environs, dessiné par *Melling*, et gravé sous la direction de *Née*, rue des Francs-Bourgeois, place St.-Michel. Chaque livraison de 4 estamp. format atlantique, 84 fr.

VOYAGE pittoresque de la Syrie, de la Phénicie, de la Palestine et de la Basse Egypte, par *Cassas*. 3 vol. in-fol. Chaque livraison 24 fr.; avant la lettre 45 fr La 24e est en vente.

— d'Istrie et de Dalmatie, par le même. Chaque livraison 35 fr.

— Dans le midi et le nord du pays de Galles, dessiné et gravé par Amelie Choiseul de Suffren. Chaque livraison contenant 6 estamp. color. 40 fr. La première livraison est en vente.

— historique et géographique du royaume d'Espagne : 4 vol. in-fol. On souscrit chez l'auteur, rue Cérutti, n° 20. Chaque livraison, pap. fin, 21 fr.; pap. vel. 33 fr.

VRAIE (la) théorie de la langue latine, par *P. M. Colbault*, instituteur, rue de la Huchette, n° 80 : in-12. 2 fr. 50 c.

VUES des monumens antiques de Rome et des principales fabriques pittoresques de cette ville, gravés au lavis par *Baltard*. Chaque cahier de six planc. in-4, 2 fr. 50 c. Le 8e cahier est en vente.

VUES, costumes, mœurs et usages de la Chine, gravés par *Simon*, rue Saint Jacques, n° 77. Prix des cinq liv. pap. ordin., 15 fr.

On peut se procurer ces différens ouvrages ensemble, séparément, ou par continuation, chez l'éditeur du présent Tableau, qui envoie par commission, et se charge de l'abonnement à tous les journaux.

Journaux et feuilles périodiques qui annoncent les livres nouveaux.

AFFICHES, Annonces et Avis divers : le C. *Brunot*, rédacteur, rue Neuve Saint-Augustin, n° 582. 12 fr. pour 3 mois, 22 fr. pour 6 mois, 42 fr. pour un an.

ANNALES des Arts et Manufactures, par *Oreilly*, rue J. J. Rousseau, n° 11. 12 numéros, 30 fr. pour Paris, et 35 fr. pour les départemens.

ANNALES de Chimie, 12 numéros par an : 3 fr. 75 c. le vol., chez Fuchs, rue des Mathurins, n° 33.

— De Statistique française et étrangère, par *B*...., quai de l'Horloge, n° 42. 24 fr. par an, et 30 fr. pour les départemens.

BIBLIOTHÈQUE Française, par *Ch. Pougens*, quai Voltaire, n° 10. 24 livraisons. 24 fr. pour Paris, 30 fr. pour les départemens, et 36 fr. pour l'étranger.

— Britannique, 12 vol. 42 fr., chez *Magimel*, quai des Augustins.

— Commerciale, par *J. Peuchet*. 21 fr. 24 livraisons, 12 fr. 12 livraisons, chez *Buisson*, rue Haute-Feuille, n° 20.

— Physico-économique : *Sonnini*, rédacteur. 12 cahiers, 10 fr., chez le même.

BULLETIN de la Littérature, des Sciences et des Arts, par *Lucet* (tous les deux jours) chez Moreau, rue Traversière, n° 771. 8 fr. pour 3 mois, 15 fr. pour 6 mois, et 28 fr. par an.

CITOYEN Français (le), le C. *Lemaire*, rédacteur, rue d'Enfer, n° 73. 13 fr. 50 c. pour 3 mois, 26 pour 6 mois, et 50 fr. pour l'année.

CLEF du Cabinet (la), Courcier, quai des Augustins, n° 71. 13 fr. 50 c., 26 et 50 fr.

CORRESPONDANCE centrale d'agriculture et d'économie rurale, *Barreau*, rédacteur, rue Pavée : 4 numéros par mois, 5 fr., 9 fr., 16 fr.

— Des Amateurs Musiciens, par *Cocatrix*, rue Neuve St.-Roch, n° 165 ; toutes les semaines. 7 fr. 50 c., 12 fr., 21 fr.

COURRIER des Spectacles (le), le C. *Lepan*, rédacteur, rue Saint-Guillaume, n° 1150. 13 fr., 26 fr., 48 fr.

DÉCADE (la) philosophique, littéraire et politique ; mad. Panckoucke, rue de Grenelle-St.-Germain, n° 321 ; 3 numéros par mois. 15 fr., 25 fr., 48 fr.

DOMINICA (la) geornali litterario politico : chez Demonville, rue Christine, n° 2. 5 fr. par trimestre.

ÉCHO (l') du Commerce, petites affiches de Bordeaux. A Bordeaux, rue de l'Egalité.

FEUILLE économique (tous les deux jours) Courcier, quai des Augustins, n° 71. 8 fr., 15 fr., 28 fr.

GAZETTE de France (la), rue Christine, n° 3. 13 fr. 50 c., 26 fr., 50 fr.

JOURNAL d'annonces, d'indications ; *Babie*, rédacteur ; Laurens, rue d'Argenteuil, n° 212. 12 fr., 22 fr. 50 c. et 42 fr.

— Des Arts, des Sciences et de Littérature : 6 num. par mois ; Dubray, rue Ventadour, n° 474. 9 fr., 16 fr. et 30 fr. pour Paris ; 10 fr., 18 fr. et 34 fr. pour les départemens.

— Des Bâtimens, des Monumens et des Arts : deux fois la semaine ; rue de Sèvres, n° 1039. 9 f., 16 f. et 30 f.

— Du Commerce : *Bailleul*, rue Grange-Batelière, n° 3. 13 fr. 50 c., 26 fr, 50 fr.

— Du Commerce du Département des Bouches-du-Rhône. A Marseille.

— Des Dames et des Modes : *Lamesengère*, rédacteur, rue Montmartre, n° 32. 9 fr., 18 fr., 36 fr.

— Des Débats, par *Geoffroi* ; chez Lenormant, rue des Prêtres-Saint-Germain-l'Auxerrois. 15 fr., 29 fr., 56 fr. pour l'année.

— des Défenseurs de la Patrie et des Acquéreurs des domaines nationaux ; le C. *Lavallée*, rédacteur, rue de Clery, n° 88. 13 fr. 50 c., 26 fr. et 50 fr.

— Du Département de Seine-et-Oise : Jacob, Place d'Armes, n° 8, à Versailles.

— D'Economie rurale et domestique, ou Bibliothèque des propriétaires ruraux : le C. *Cadet Devaux*, rédacteur ; mad. Panckoucke, rue de Grenelle ; 12 cahiers par an. 7 fr., 12 fr. et 24 fr.

— Du Galvanisme, de Vaccine, etc. le C. *Nauché*, rédacteur ; un cahier par mois, chez Buisson. 12 fr. pour l'année.

— Général de la Littérature de France ;

un cahier par mois, chez Treuttel et Wurtz, quai Voltaire. 14 fr. pour l'année.

JOURNAL de la Littérature étrangère; même maison de commerce. 11 fr. pour 6 mois, 21 fr. pour l'année.

— De Médecine, de Chirurgie et de Pharmacie: le C. *Sedillot* jeune, rédacteur; 3 vol. par an; chez Croullebois, rue des Mathurins, n° 398. 16 fr. pour Paris, et 20 fr. pour les départemens.

— Militaire; chez Magimel, quai des Augustins, n° 73. 15 fr. pour 6 mois, 30 fr. pour l'année.

— Des Mines: un numéro par mois; chez Croullebois. 18 fr. pour Paris, et 21 fr. pour les départemens.

— De Musique, par *Cherubini* et autres; chez Duhan, boulevard Montmartre. 15 fr., 27 fr. et 42 fr.

— De Paris: *Gallet* et autres, rédacteurs, rue Trainée, n° 692. 12 fr., 22 fr. 50 c. et 42 fr. pour l'année.

— De Physique, de Chimie, d'Histoire naturelle et des Arts, par *J. Cl. Delametherie*. 12 fr. pour 6 mois, 25 fr. pour l'année; chez Fuchs.

— Du Soir, des frères Chaigniau, rue de la Monnaie, n° 27. 13 fr., 25 fr., 48 fr.

— Typographique et bibliographique: *Dujardin-Sailly*, rédacteur, rue de Corneille (toutes les semaines). 12 fr. pour la France, 15 fr. pour l'étranger.

MAGASIN encyclopédique, journal des sciences, des lettres et des arts, par *Millin*: un n° par mois; chez Fuchs. 9 fr., 18 fr. 36 fr.

MÉMORIAL anti-britannique, par *B. Barrère*: tous les deux jours; chez Maradan, libraire, rue Pavée-Saint-André-des-Arcs, n° 16. 10 fr., 20 fr. et 36 fr. pour l'année.

MERCURE de France; une fois la semaine; chez Lenormant. 12 fr., 24 fr., 48 fr.

MONITEUR (le), journal officiel; chez Agasse, rue des Poitevins, n° 18. 25 fr., 50 fr. et 100 francs pour l'année.

OBSERVATEUR (l') Français, journal historique et littéraire: les cit. *Salgues* et *Villeterque*, rédacteurs, rue Neuve Saint-Augustin, n° 583. 13 fr. 50 c., 26 fr. et 50 francs pour l'année.

PETITES Affiches de Lyon. Halles de la Grenette, chez Ballanche, père et fils.

PETITES Affiches de Paris: *Ducray-Duménil*, rédacteur, rue Croix-des-petits-Champs, n° 111. 12 fr., 22 fr. et 42 fr. pour l'année.

PUBLICISTE (le): *Suard*, rédacteur, rue des Moineaux, n° 423. 13 fr. 50 c., 26 fr. et 50 fr. pour l'année; 1 fr. 50 c. en outre par trimestre pour les départemens.

SEMAINE (la), ou le Souvenir hebdomadaire (toutes les semaines); chez le directeur, passage des Petits-Pères, n° 2. 5 fr. pour 3 mois, 20 fr. pour l'année.

TÉLÉGRAPHE littéraire (le), ou le Correspondant de la Librairie; le C. *Colas*, rédacteur, rue de Grenelle, n° 321: trois fois le mois. 4 fr., 7 fr. et 12 fr.

MM. Suard, Morellet, Ségur aîné, Pastoret, Malouet, Bourgouin, Garat, Matthieu Dumas et de Gerando se sont réunis pour publier un ouvrage périodique, sous le titre *Mélanges littéraires, historiques et philosophiques*. Cet ouvrage est destiné à former pour l'Europe une bibliothèque générale, telles que sont pour l'Angleterre, la France, l'Italie, les Bibliothèques française, britannique et italienne; elle sera composée de pièces originales, ou traduites des langues etrangères, sur les objets qui tiennent à la littérature, à la philosophie, à l'histoire et aux beaux arts.

CATALOGUE ALPHABÉTIQUE DES LIBRAIRES ET IMPRIMEURS DES PRINCIPALES VILLES DE L'EUROPE.

La librairie se divise en deux branches, en *ancienne* et *nouvelle*. La première a pour objet le commerce des vieux livres, et la seconde celle des nouveaux. L'une demande une connaissance très-étendue des anciennes éditions, de leur différence et de leur valeur, exige autant d'application que de connaissance dans les langues, dans les sciences et les arts, et l'autre demande beaucoup de sagacité ; car la première attention des libraires qui suivent cette dernière branche, doit être d'étudier le goût du public, et quelquefois même de le diriger.

Une dissertation sur le lieu, le temps et l'invention de l'imprimerie n'est pas ici de notre sujet ; nous pensons cependant devoir dire que trois Allemands déjà instruits dans cet art furent attirés et fixés à Paris par les soins du prieur de la Sorbonne, Jean de la Pierre, en 1469 : ils se nommaient Martin Crantz, Michel Freburger et Ulric Gering. Il les logea à la Sorbonne même, avec leurs caractères et leurs presses : aussi aime-t-on à voir cette maison comme le berceau d'un art qui a servi si utilement la raison, les mœurs, les sciences et les arts.

L'imprimerie et la librairie sont des états honorables ; en effet, s'il est des noms destinés à ne périr jamais, ce sont ceux des libraires et imprimeurs. Il n'y a pas un seul écrivain qui en s'immortalisant n'introduise avec lui dans le temple de mémoire son imprimeur et son libraire. Quelques-uns ont acquis ce droit par eux mêmes, par leur propre mérite, comme les Estienne, les Morel, les Turnèbe, les Guérin de la Tour, les Boudet, les Barbou, les Bastien ; quelques autres par leur belle exécution typographique, tels que les Vascosan, les Deharsy, les Vitré, les Léonard, les Guérin, les Coignard, les Couturier, les Didot, les Crapelet, etc. Ceux-là par l'importance de leurs entreprises, en exécutant de grands corps d'ouvrages, tels que les Pères de l'Eglise, les grands Voyages, les Antiquités, etc., et notamment l'Encyclopédie, l'enchaînement de toutes les sciences, soit qu'on parle de celle alphabétique, ou de celle par ordre des matières. Que d'obligations nous avons à ceux qui ont publié les œuvres de Voltaire, Rousseau, Buffon, etc. etc. ! Ceux-ci enfin par leur profonde connaissance des livres, leur intelligence dans la confection des catalogues, tels que les ont rédigés depuis un siècle les Boudot, les Moëtt, les Martin, les Guérin, les Barrois, les Debure, les Leclerc, les Nyon, les Leboucher, les Prault, les Osmond, les Bauche, les Musier, les Gandouin, les Née de la Rochelle, etc.

Ne pouvant donner une liste très-complète de tous les libraires, nous n'avons rien négligé pour ne pas omettre ceux qui ont des livres de fonds : les imprimeurs-libraires sont désignés par une *.

Noms.	Résidences.
A.	
Abbate (Franç.),	Palerme.
Abbate (Rosaire),	*Idem.*
Abboretti (S.),	Modène.
Achart et comp.	Marseille.
Adam,	Saint-Malo.
Alberti,	Vienne.
Albois,	Mantes.
Alegria,	Salamanque.
Alici et comp.,	S.-Pétersbourg.
Alister et fils,	Dublin.
Allier,	Grenoble.
Alzine,	Perpignan.
Ammermuller,	Nuremberg.
Ancelle,	Anvers.
Ancelle,	Evreux.
Andre,	Troyes.
Andræ,	Francfort.
Angot,	Dinan.
Antoine,	Lunéville.
* Antoine (P.),	Metz.
Anton,	Goerlitz.
Arboren,	Stockholm.
Archange.	Dunkerque.
Arenberg,	Roterdam.
Arnoult (J. C.),	Bautzen.
Artaria (D.),	Manheim.
Artaria (P.) et Ce,	Vienne. en Aut.
* Aubanel,	Avignon.
Audran,	Rennes.
Audouart,	Laval,
* Aurel, (Aug.),	Toulon.
Aurel (Marc),	Valence.
Aurillac (veuve),	Niort.
Auzoul,	Rouen.
Aynez,	Lyon.
B.	
Bader,	Ratisbonne.
Balbino,	Turin.
Balen (J. Van),	Roterdam.
Balfour,	Edimbourg.
* Ballanche père et fils.	Lyon.
Ballard (Julien),	Montauban.
* Barbier,	Nancy.
* Barbiers,	Poitiers.
Barbot,	Gand.
* Barbou,	Limoges.
Barchon,	Aix-la-Chap.
Bargeas,	Angoulême.
Bargeas,	Bergerac.
Bargeron (C.),	Mende.
Barnubeck (C.G),	Leipsick.
Barraux (veuve), née Libaux.	Lyon.
Barré,	Rouen.
Barth, (G. A.),	Leipsick.
Barthel (C. G.)	Leipsick.
Barthelemy (frèr.),	Madrid.
Barrois,	Rouen.
Bascon,	Montpellier,
Bassompierre,	Liége.
* Battul,	Boulogne.
Baudoin (veuve),	Lorient.
* Baudry,	Rouen.
Bauer,	Nuremberg.
Baumgartner (F.),	Leipsick.
* Baurens,	Alby.
Beaudin aîné,	Nantes.
* Beaufils,	Clermont.
* Beaume,	Nimes.
Beer (G.),	Leipsick.
Begin,	Rouen.
* Behmer,	Metz.
Behourt,	Rouen.
Beith frères,	Augsbourg.
Bellegarde,	Calais.
Beltineli (frères),	Venise.
Bemann,	Roterdam.
Bennet et Hake,	*Idem.*
Bentivegua,	Palerme.
Berard,	Liége.
Berge,	Tours.
Berger (Ch. H.)	Tubingue.
Bergeret,	Bordeaux.
* Bergeret neveu,	*Idem.*
Bernadette,	Barcelonne.
Bernard,	Beaune.
Bernard,	Lisbonne.
Bernard,	Thiers.
Bernardi (Aug.),	Vienne.
Berthel,	Clermont.
Berthevin,	Orléans.
Berthot,	Bruxelles.
* Berthold (J. F.),	Altona.
Berthon (Sam,),	Cambrai.
Bertrand (veuve),	Lisbonne.

	Noms.	Résidences.
	Bertrand, ve et fils.	Cadix.
	Bertrandet (Siffr.),	Avignon.
*	Besse,	Narbonne.
	Beygand (J. G.),	Leipsick.
	Beygné,	Dijon.
	Bidault,	Dijon.
*	Billaud pere,	Blois.
*	Billaud fils,	Tours.
	Blaizot,	Versailles.
	Blouet,	Rennes.
	Bobau,	Epinal.
	Bocca,	Turin.
	Bock,	Weissembourg
*	Bodoni,	Parme.
	Bogaert,	Gand.
	Bohaire,	Lyon.
	Bohm (A. F.),	Leipsick.
	Bohn (C. E.),	Hambourg.
	Bohn,	Lubeck.
	Boisserand,	Le Puy.
	Boisserand,	Rouanne.
	Boisserand,	Saint-Etienne.
*	Bolen,	Liége.
	Bonhomme.	Rochefort.
	Bonnard (P.),	Auxerre.
	Bonnardet et Simon,	Barcelonne.
	Bonnaut,	Geneve.
	Bonnefoy,	Toulouse.
*	Bonnet,	Avignon.
	Bonthoux,	Nancy.
*	Bonzom,	Bayonne.
	Boquet,	Arras.
	Bosch,	Utrecht.
	Borel et comp.	Lisbonne.
	Bothull (A.),	Roterdam.
	Bottger (J.),	Leipsick.
	Boubers,	Bruxelles.
	Boubers,	Dunkerque.
	Boubers,	Liége.
*	Boubers,	Saint-Omer.
*	Bouchard (veuve),	Chaumont.
	Bouchard,	Florence.
	Bouchart et Gravier,	Rome.
*	Boucher,	Valenciennes.
	Bouquet,	Falaise.
	Bourguignon (C.),	Liége.
*	Bournot (L.),	Langres.
	Bourvillon,	Beziers,
	Bousquet,	*Idem.*
	Bouvat,	S.-Pétersbourg.
*	Boyer,	Bourges.
	Braud,	Poitiers.
	Breton,	Chinon.
*	Brigot,	Reims.
	Briquet,	Châlons-sur-M.
	Bristol,	Bar-sur-Ornain
	Broënner,	Francfort.
	Bronkorst,	Roterdam.
	Broquille,	Angoulême.
	Brossier,	Bordeaux.
*	Brottier,	Bourg-en-Br.
	Brouilhiet,	Toulouse.
*	Brovellio,	Lille.
	Brun,	Nantes.
*	Bruyset aîné et comp.	Lyon.
	Bruyset-Ponthus,	*Idem.*
	Bugeart,	Epinal.
	Buitkopf et Hartel,	Leipsick.
	Burkel (mad.),	Bordeaux.
	Busseuil jeune,	Nantes.
	Butler,	Dublin.
	Buttel,	Boulogne.
	C.	
	Cajetan,	Turin.
	Camp (Aug.),	Hambourg.
	Caraccioli,	Aix.
	Card,	Toulon.
	Camesina et comp.	*Idem.*
	Canis.	Nice.
*	Capel (J. B.),	Dijon.
	Cappon (Vincent),	La Rochelle.
	Carmihuani (P.),	Parme.
*	Caron aîné,	Amiens.
*	Caron-Berquier,	*Idem.*
	Carpentier,	Valenciennes.
	Carrattoni,	Véronne.
	Carré,	Beaune.
*	Carrez (Joseph),	Toul.
	Castiaux,	Lille.
	Castillon fréres.	Bordeaux.
*	Catineau,	Poitiers.
	Cercelet,	Luxembourg.
	Chabosseau,	La Rochelle.

	Noms.	Résidences.
*	Chaboz,	Dôle.
	Chaix,	Marseille.
	Chalmel-Gibert,	Tours.
*	Chaloppin,	Caen.
*	Chambault aîné,	Avignon.
	Chambellan aîné,	Châlons-sur-S.
	Chamberlund,	Besançon.
	Chambon,	Marseille.
*	Chambonneaux,	Fontenay.
	Changuion d'Henget,	Amsterdam.
*	Chapoulaud,	Limoges.
	Chappuis frères,	Bordeaux.
	Chardon,	Marseille.
	Charmet (veuve),	Besançon.
	Charrier (J.),	Saintes.
	Châteauneuf (Ve),	Hambourg.
*	Chauvet,	La Rochelle.
	Chaylot aîné,	Avignon.
	Chedin,	Beauvais.
	Chefneux,	Liége.
	Chenoux,	Lunéville.
	Chevalier,	Copenhague.
	Cherrier,	Mans.
	Chevillon,	Orléans.
*	Chirac (P.),	Tulles.
	Chopin,	Bar-sur-Ornain.
	Choquet,	Amiens.
	Clausec,	Prague.
*	Clet,	au Puy.
	Coclers-Colfurnis,	Amsterdam.
	Colaer,	Bruxelles.
*	Collignon,	Metz.
	Comin (Joseph),	Padoue.
	Comino,	Pavie.
	Coquet,	Dijon.
	Coquière,	Cherbourg.
	Cormier,	Autun.
*	Cormon et Blanc,	Lyon.
	Cornel (N.),	Roterdam.
	Cornel,	Utrecht.
	Cotta,	Stutgard.
	Cotta (J. C.),	Tubingue.
*	Couché (M.),	Besançon.
	Coupé,	Arras.
*	Courtois,	Laon.
*	Courtois,	Soissons.
	Cramers (J. J.),	Cassel.
	Crane (S.),	Liverpool.
	Crespy,	Le Puy.
	Cretin,	Lyon.
	Creutz (J. A.),	Magdebourg.
*	Cristot,	Bourges.
	Croshilles (Ch.),	Montauban.
	Crusius (S. L.),	Leipsick.
	Cure et comp.,	Béford.
	Curet aîné,	Toulon.
	Curtner,	Moscou.
	D.	
	Daclin,	Besançon.
	Dalancourt (ve.),	Nancy.
*	Dalesme (J. B. H.)	Limoges.
	Daniel,	Lille.
	Daniel (Michel),	Marseille.
	Darnault-Morant,	Orléans.
	Darras,	Amiens.
	Daudel,	Rennes.
	Dauphin,	Autun.
	Dautez,	Epernay.
	Dauvin,	Brest.
	David,	Grenoble.
	Davin,	Rouanne.
	Davoust,	Mayenne.
	Debaecker (P. G.),	Dunkerque.
	Deboffe, (J. S.),	Bâle.
	Deboffe,	Londres.
	Debusscher,	Bruges.
	Decampe,	Narbonne.
	Decker (J.),	Bâle.
	Decker (George),	Berlin.
	Decker,	Colmar.
	Decouchy,	Londres.
	Defay,	Dijon.
*	Defay,	Langres.
	Degen (J. V.),	Vienne.
*	Degoutte,	Riom.
	Deihtzer,	Bautzen.
*	Dejussieu,	Autun.
	Delafosse,	La Flèche.
*	Delaitre,	Reims.
*	Delalain (Aug.),	Rouen.
	Delalanne,	Toulouse.
*	Delaplace,	Reims.
*	Delcros,	Clermont.
*	Delenosez,	Charleville.
	Delorme de la Tour	Châlons-sur S.

Noms.	Résidences.
* Delwaye,	Liége.
Delys,	Saintes.
Demats,	Bruxelles.
Demazeaux,	Liége.
Dengilbrummer-d'Aubigny (Mlle),	Hesse-Cassel.
Depierris,	Niort.
Depinteville,	Châlons-sur-M.
Deprez,	Arras.
Derbaix,	Douay.
* Derrien,	Quimper.
Desaumade,	Clermont.
* Deshayes,	Chartres.
* Desjardins,	Beauvais.
* Desoer,	Liége.
Despilly,	Nantes.
Desprez,	Valenciennes.
* Desroques,	Senlis.
Destachling,	S.-Pétersbourg.
Destain,	S.-Jean-d'Ang.
Dethune,	La Haye.
* Devérité,	Abbeville.
Devers,	Toulouse.
Devic,	Rodez.
Deville,	Soissons.
Devillebon,	Bruxelles.
Devilly,	Metz.
Devos (J.),	Roterdam.
D'Hennin,	Valenciennes.
Dieterich,	Gottingue.
Dietz (J. C.),	Francfort.
Dippolito père et fils.	Palerme.
Diveau,	Mans.
Dodley,	Londres.
* Donatius,	Lubeck.
Dorigny-Lequeux,	Reims.
Dost (J. F.),	Groschoenau.
Donladoure,	Toulouse.
Dourdain,	Tarbes.
Drachstacot,	Augsbourg.
Drouillard (J. J),	Dunkerque.
Dubeux,	Lisbonne.
Dubeux et Borneaux,	*Idem.*
Dubreuil (veuve),	Perigueux.
* Dubois et Couder,	Bordeaux.
* Dubuc,	Dieppe.
Ducamps,	Dunkerque.
Duclos,	Poitiers.
Ducos,	Tarbes.
Dufour (Gabriel),	Amsterdam.
Dufour,	Chambéri.
Duhart-Fauvet.	Bayonne.
Dujardin,	Hambourg.
Dujardin,	Gand.
Dujardin (Hub.),	*Idem.*
Dujardin (Ch.),	Namur.
* Dulau et compagnie.	Londres.
* Duménil (veuve),	Rouen.
Dumortier,	Lille.
Dumoulin,	Saint-Quentin.
Duplaix,	Toulouse.
Duprat,	Auch.
Duprez,	Soissons.
Durand,	Grenoble.
Durand l'aîné et compagnie.	Lausanne.
Durville,	Montpellier.
Dutertre,	Mayenne.
Dutertre (Jos.),	Marseille.
* Duval,	Saint-Mihiel.
Duvivier-Remoz,	Liége.
Duyser (H.),	Roterdam.
Dyk,	Leipsick.
Dyk (P. Van),	Roterdam.
Dyvernois,	Genève.

E.

Noms.	Résidences.
Echterling, (M.),	Barcelonne.
* Eck (Louis),	Strasbourg.
Eder (Jos.),	Vienne.
* Egasse frères,	Brest.
Eichenberg,	Francfort.
* Elia (G.),	Naples.
* Elmsly;	Londres.
Enders,	Nuremberg.
Epernay,	Alençon.
Erhard,	Stutgard.
Ermeus,	Bruxelles.
Esselinger, (F.),	Francfort.
Ettenger (C. W.),	Gotha.
Evans,	Londres.
Eving,	Dublin.
Exter et Embser,	Strasbourg.

Noms.	*Résidences.*
F.	
Faber et Nitsche,	Cologne.
Fabre,	Draguiguan.
Fabry,	Bruxelles.
* Fages-Meilhan et comp.,	Toulouse.
* Falcon (veuve),	Grenoble.
* Farne (J.),	Limoges.
* Fauche (P. F.),	Brunswick.
Fauche-Borel,	Neuchâtel,
Fauche (Aug.-Raimond),	*Idem.*
Fauche et comp.,	Hambourg.
Faulder (R.)	Londres.
Faure,	Grenoble.
* Faure,	Hâvre.
Faure frères,	Parme.
Fauvel,	Lorient.
Feine (J. C.),	Leipsick.
Felisch (E.),	Berlin.
Felsecker frères,	Nuremberg.
Fernand,	Gand.
Ferny,	Neuchâtel.
Ferrand,	Rouen.
* Ferrand aîné,	*Idem.*
* Fertel (veuve),	Saint-Omer.
Ficher,	Mayence.
Fietta,	Varsovie.
Fischer et Vincent,	Lausanne.
Fleischer,	Francfort.
Fleischer,	Leipsick.
Fleury,	Rouen.
Flick,	Bâle.
Flon (Emm.),	Bruxelles.
Florke,	Dantzich.
Fontaine cadet,	Colmar.
Fontaine,	Libourne.
Fontaine (Ch.),	Manheim.
Fontaine,	Livourne.
Fontaine,	Namur.
Fontaneau,	Beziers.
Fontanel,	Montpellier.
Forest,	Nantes.
Forest,	Vannes.
Foulis,	Glascow.
Fouquet,	Rouen.
Fourcault,	Verdun.

Noms.	*Résidences.*
Fourier-Mame,	Angers.
* Fournier (veuve),	Auxerre.
Fournier,	Soissons.
François,	Abbeville.
Franke (E.),	Berlin.
* Frantin,	Dijon.
Fravenolhz (F.F.),	Nuremberg.
Frémeaux,	Dunkerque.
Frerres,	Rouen.
Fromman,	Jena.
Frout,	Rennes.
Fuesli,	Zurich.
Fusier,	Pezenas.
Fritzch (Gasp.),	Leipsick.
Fycher,	Mayence.
Fyrberg,	Stockolm.
G.	
Gabriel (E.),	Lons-le-Saunier.
Gai jeune,	Vienne.
Gaillard,	Narbonne.
Gaillard,	Orléans.
Galeazi,	Milan.
* Galles,	Vannes.
Gamba,	Livourne.
Gamba,	Gènes.
Gameau et comp.	Londres.
Gamet,	Etampes.
Gamot,	Saint-Lô.
Garbe,	Francfort.
Garnier,	Lyon.
Garnier,	Saint-Etienne.
* Garnier,	Troyes.
Garrigan,	Avignon.
Gauchelet,	Brest.
Gaude et comp.	Nîmes.
Gay de la Sabloniere.	Arras.
Gebauer,	Groschoenau.
Gebhard et Korber,	Francfort.
Gehr et comp.	Breslaw.
Geisler,	Wesel.
Genioux,	Lisbonne.
Gentrac (veuve),	Bordeaux.
Gerlach (J. S.),	Dresde.
* Gesner,	Berne.
Geyler et comp.	Amsterdam.

Noms.	*Résidences.*
Giard,	Valenciennes.
Giegler,	Milan.
Giesler,	Venise.
Giorwel,	Stockholm.
Gilbert et comp.,	Havre.
Gilbert (W),	Dublin.
Gildendahc,	Copenhague.
Ginkel (P. V.),	Roterdam.
Giovie,	Turin.
Girard (frères),	Barcelonne.
Girard,	Besançon.
Girardet (Sam.)	Neuchâtel.
* Giroud (veuve),	Grenoble.
* Gobelet,	Troyes.
Godeby,	Dieppe.
Goesin Verhaeghe,	Gand.
* Goldmith,	Londres.
* Goeschen,	Leipsick.
Gosse,	La Haye.
Goully,	Perpignan.
Grabit,	Lyon.
Graff (H.),	Leipsick.
Granger,	Anvers.
Grasset et comp.	Lausanne.
Gravier (Yves),	Gênes.
Grattenauer (E.),	Nuremberg.
Granner (J. P.),	Leipsick.
Grieshammer,	Leipsick.
Griffer,	Vienne.
Grigoureux,	Nantes.
Griset (Yvin),	Boulogne.
Groeffer (jeune),	Vienne.
Groell,	Varsovie.
* Groell,	Leipsick.
Groenendick,	Roterdam.
Groschene (J. J.),	Leipsick.
Groult,	Bayeux.
Grubert,	Dublin.
Guepratte,	Brest.
Guerard,	Nancy.
Guichard et comp.	Nantes.
Guilleminet,	Poitiers.
Guillot,	Verdun.
Guisnard,	Nantes.
Guimbert,	Châtelleraut.
Guy,	Lyon.
* Guyon (P.),	Morlaix.
* Guyot,	Charleville.
* Guyot et Beaufort,	Orléans.

Noms.	*Résidences.*
H.	
Haag,	Bâle.
Haas et fils,	Cologne.
* Haener et Delahaye,	Nancy.
Hahmann (J. J.),	Leipsick.
* Hahn,	Hanovre.
Hake (C. R.),	Roterdam.
* Halle frères,	Brandebourg.
Haller (Em.),	Berne.
Hammer,	Cologne.
Hande et Pener,	Berlin.
Hardy et fils,	Londres.
Harter (Ch. G.)	Leipsick.
Harting (J. H.),	Vienne.
Hartmann (C. L.),	Berlin.
Hartung,	Kœnisberg.
Hauffe,	Nuremberg.
Hautecœur,	Lille.
Hebert,	Coutances.
Hechner (P. G.),	Leipsick.
Hedrich (J. C.),	Leipsick.
Heerbrand,	Tubingue.
Heidegger et Ce,	Zurich.
Heinsius (J. M.),	Leipsick.
Heinzmann,	Berne.
Heirisson,	Carcassonne.
Helmann,	Lubeck.
Helwing,	Hanovre.
Hénault,	Moulins.
Hendrisck (J.),	Roterdam.
Hennuy,	Sedan.
Hermandès,	Toulon.
Hermann (Aug.),	Francfort.
* Hermann,	Rouen.
Hermil et fils,	Cadix.
Hermil (Ant.),	Naples.
Hervé,	Chartres.
Hetzer (J. G.),	Leipsick.
* Heyer,	Giessen.
Hignon et comp.,	Lausanne.
Hilcher (P. C.),	Dresde.
Hilscher (Ch. G.),	Leipsick.
Himbourg (C. F.),	Berlin.
Hinrisch,	Leipsick.
Hocchonberg,	Prague.
Hofers,	Leipsick.
Hoffmann (B. G.),	Hambourg.

Noms.	Résidences.
Holmberg,	Stockholm.
Holstein (P.),	Roterdam.
Holtrop (W.),	Amsterdam.
Hookham (Th.),	Londres.
Horgnies,	Bruxelles.
Horttin (Emm.),	Berne.
Hostout et fils,	Roterdam.
Houben (J. C.),	Aix-la-Chapelle
* Hovius,	Saint-Malo.
Hoyois,	Mons.
Huart,	Dinan.
Hue,	Rouen.
Huez,	Valenciennes.
Huguet,	Saint-Omer.
Huin (veuve),	Boulogne.
Hurez,	Cambrai.
I.	
Imhoff (J. J.),	Bâle.
Isecq,	Limoges.
Isnard,	Marseille.
Iverson et comp.,	Lubeck.
J.	
* Jacob aîné,	Orléans.
Jacquard,	Langres.
Jacquemart,	Sedan.
Janinet et comp.,	Bourg-en-Brese
Jarreis (J. S.),	Sarrebourg.
* Jeunehomme,	Reims.
* Joly,	Avignon.
Joly,	Dôle.
Joly,	Lons-le-Saunier
Jones (W.),	Dublin.
Jouanne,	Chartres.
Jouanne,	Vendôme.
Jouanne (A.),	Alençon.
* Joubert,	Coutances.
Joubert (J. F.),	Dieppe.
Joveneau,	Tournay.
Junckel,	Ratisbonne.
Jung,	Strasbourg.
K.	
Kaiser,	Vienne.
Kaldenbergh,	Verviers.
Kearsly et comp.,	Londres.
Keck (W.),	Leipsick.
Kenzie (V.),	Dublin.
Kesler,	Francfort.
Keyser (G.)	Erfort.
* Klaubarth (C. C.),	Leipsick.
Klemmer (C. G.),	Freyberg.
Klob (J.),	S.-Pétersbourg.
Klostermann,	S.-Pétersbourg.
Kœnig,	Strasbourg.
Koert (J.),	Roterdam.
Kohler (C. F.),	Leipsick.
Korn *senior*,	Breslaw.
Korn *junior*,	Breslaw.
Krauff,	Vienne.
Krumbhgar (J.),	Eysenbach.
Kuhn,	Potzen,
Kumer (P. G.),	Leipsick.
Kunz (J. A.),	Francfort-sur-l'Oder.
L.	
* Labathe,	Chartres.
Lacaze,	Auch.
Lackington et Ce,	Londres.
Lacommune,	Mans.
* Lacourt,	Bordeaux.
Lacroix,	Arras.
Lafage,	Bagnères.
Lafaye,	Rochefort.
Lafitte,	Bordeaux.
Laforgue aîné,	Montauban.
Lagarde,	Berlin.
Lahays,	Nantes.
Laiguillon,	Havre.
Lainé,	Dieppe.
* Lambert,	Châtillon-sur-Seine.
* Lambert,	Bruxelles.
* Lamort,	Nancy.
L'Amouroux,	St.-Hyppolite.
Landriot,	Riom.
Lane (W.),	Londres.
Lange (G. A.),	Berlin.
Langen (S.),	Cologne.
Lanoé,	Evreux.
Larivière,	Auch.
Laruelle,	Aix-la-Chapelle
Lassaut,	Coblentz.

Noms.	Résidences.
* Latour,	Liége.
Laureau,	Arras.
* Laurenz,	Dunkerque.
Lautour,	Falaise.
Lavigne,	Sens.
Lebaron (H.),	Caen.
* Lebastard,	Reims.
* Lebeau,	Provins.
Leboiteux,	Aix.
Lebcucher,	Rouen.
Lecharlier,	Bruxelles.
Leclerc,	Lyon.
Leclercq-Camier,	Arras.
Lecrenne,	Falaise.
Ledoyen,	Reims.
* Lefèvre, veuve.	Nevers.
Lefèvre (G.),	Utrecht.
Lefort,	Lille.
Lefournier,	Brest.
Lefranq,	Bruxelles.
Lefrançois (Ch.),	Argentan.
Lefrançois,	Bayeux.
* Legier,	La Rochelle.
* Legier,	Rouen.
Lehoucq,	Lille.
Leich (A. F.),	Brandebourg.
Lejeune,	Lorient.
Lekens,	Maëstricht.
Lemaire,	Bruxelles.
Lemaître,	Lille.
Lemarié,	Liége.
Lemière,	Coutances.
Leminoux,	Dinan.
Lemonnier,	Mans.
Leo (F. G.),	Leipsick.
Leocat-St.-Hoen,	Lorient.
Leonard,	Langres.
Lepagnez,	Vesoul.
Lepelley (Gasp.),	Bayeux.
Lepoitiers,	Castres.
Leroux (Aug.),	Mayence.
Leroux,	Strasbourg.
* Leroy,	Caen.
* Leroy (Amable),	Lyon.
* Leruite,	Liége.
Leseene,	Rennes.
* Leseure-Gervois et fils,	Nancy.
Lespagnez,	Besançon.
* Letellier,	Chartres.
Letellier,	Deux-Ponts.
Leteurtre,	Boulogne.
Letocart,	Dunkerque.
Letourmy,	Blois.
Letourmy,	Orléans.
Letourmy,	Toulouse.
* Letourmy,	Tours.
* Levrault frères,	Strasbourg.
Leuvenich (J. V.),	Aix-la-Chapelle
Lhéritier et Guerin,	Amsterdam.
* Lhomandié,	La Rochelle.
Liebskind (A. G.),	Leipsick.
Lievin,	Abbeville.
Linke,	Leipsick.
Livany,	Lyon.
* Locart,	Versailles.
Lochner,	Stockholm.
Lochner et Mayer,	Nuremberg.
Loeffer,	Manheim.
Logan,	S.-Pétersbourg.
Longhi (Jos.),	Milan.
Longmann,	Edimbourg.
* Loper (A. E.),	Leipsick.
Lorenzo (Em.),	Dunkerque.
Lorenzo (N.),	Dunkerque.
Lossier,	Genève.
Lotter et comp.,	Augsbourg.
* Loxhai,	Liége.
Luchesini,	Bologne.
Luquiens,	Lausanne.
Lutz,	Berne.
Luzac et Vandame,	Leyde.

M.

Noms.	Résidences.
* Machuel,	Rouen.
Magnier,	Evreux.
Mailly,	Dijon.
Maine,	Tours.
Maire,	Lyon.
* Malassis,	Alençon.
* Malassis,	Brest.
Malassis,	Caen.
* Malassis (veuve),	Nantes.
Manavit,	Toulouse.
Manfré (J.),	Padoue.
* Manget,	Genève.
Manoury aîné,	Caen.

Noms.	Résidences.
Manoury jeune,	Caen.
Mahé (veuve),	Vannes.
Marc Moroni,	Véronne.
Marchal,	Metz.
Margaillan,	Milan.
Marielle,	Amiens.
Marinier,	Rouen.
Marlier,	Bruges.
Maron,	Autun.
Marrot,	Angoulême.
* Martin (Eliz.),	Lisbonne.
Martin (Alp.),	Madrid.
Martin,	Mons.
Martin (E.),	Marseille.
Martin (Paul),	Lisbonne.
Martin,	Nevers.
Mary,	Livourne.
Masi et comp.,	Livourne.
Masson,	Beauvais.
Massot,	Orléans.
Mat,	Bruxelles.
Matheron,	Lyon.
Mathieu,	Nancy.
Matz Dorf (C.),	Berlin.
Maudidier,	Châlons-sur-S.
Maux-Buchet,	Nîmes.
Mayer (E. G.),	Breslaw.
Mayer,	Brunswick.
Meculson,	Bar-sur-Ornain
Meissner,	Brunswick.
Melguion et comp.	Cadix.
Melleville,	Laon.
Melon et comp.,	Bordeaux.
Merande et Ce,	Naples.
* Mercier,	Châlons-sur-M.
Mercier,	Lyon.
* Mesnier,	La Rochelle.
Messuy,	Lunéville.
Metoyer aîné,	Besançon.
Metra,	Berlin.
Metternich (Ve),	Cologne.
Metzler,	Stutgard.
Meunier,	Beauvais.
Meyer jeune,	Roterdam,
Michel frères,	Bâle.
* Michel,	Brest.
Michel (G.),	Marseille.
Michel,	Metz.
Michel,	Rouen.
Millon (J.),	Draguignan.
Moisson, (N.)	Cherbourg.
Molini,	Florence.
Molini,	Londres.
Moller,	Copenhague.
Monath,	Nuremberg.
Mondon,	Verdun.
* Monens,	Liége.
Montfreuile,	Varsovie.
Mongin,	Toul.
* Monoyer,	Mans.
Montag,	Ratisbonne.
Montier,	Rouen.
Moran (M. Aug.),	Turin.
Morard,	Vendôme.
Moreau,	Philadelphie.
Moreau Dewez,	Saint-Quentin.
* Morin,	Sedan.
* Mossy,	Marseille.
* Mouret,	Aix.
Mourreux,	La Fère.
Muguet,	Valence.
Muller,	Leipsick.
Muller,	Stutgard.
Murray et Highey,	Londres.
Murray frères,	Leyde.
Murray frères,	Naples.
Mutzenbecher,	Hambourg.
Mydius (A.),	Berlin.

N.

Noms.	Résidences.
Nataly (F.),	Livourne.
Nauck (G. C.),	Berlin.
Navarro,	Séville.
Neuer et Cudelle,	Aix-la-Chapelle.
Neukirch,	Colmar.
Nicolas (Ve),	Arras.
* Nicole,	Bayeux.
Nicolovius (F.),	Kœnisberg.
* Noel,	Rouen.
Noubel,	Agen.
Novelli,	Venise.
Nyon,	Milan.
* Nypels,	Maestricht.

O.

Noms.	Résidences.
Ochmigke jeune,	Berlin.
Odezenes,	Beziers.

Noms.	Résidences.
Oedenkoven et Theriat,	Cologne.
Offray fils,	Avignon.
Orcel,	Madrid.
Orel (Jos.) *,	Palerme.
Orell Fusly et Ce,	Zurich.

P.

Noms.	Résidences.
Pain-d'Avoine,	Châlons-sur-M.
Pâris-Malescot,	au Puy.
Parizot (P.),	Angers.
* Paschoud,	Genève.
* Patin,	Amiens
Patras et Faure,	Bar-sur-Aube.
Patry,	Havre.
Pauly (J.),	Berlin.
Paulnier,	Dunkerque.
Pavie père et fils,	La Rochelle.
Pavier,	Châlons-sur-M.
* Pavy.	Moulins.
Payne aîné,	Londres.
Payne jeune,	Londres.
Paytiazini,	Lisbonne.
Peez,	Ratisbonne.
Péguchel (N.),	Mortagne.
Pellier Lavalle,	Bordeaux.
Peltz (F. C.),	Copenhague.
Perdoux,	Orléans.
* Perisse frères,	Lyon.
Perisse-Marsil,	Lyon.
Perthas (J.),	Gotha.
Perthes (Fr.),	Hambourg.
Pescherard et Mame,	Tours.
Pesme,	Carpentras,
Pezzana,	Venise.
Philibert,	Copenhague.
* Philipot,	Bordeaux.
Piale (E.),	Rome.
Picot-Martel,	Montpellier.
Pic et Giraud,	Turin.
* Pierard,	Reims.
Pietra,	Berlin.
Pigault Oubaillard,	Calais.
Pillon,	Lyon.
Pinckvoss (C. G.)	Altona.
Pintenelle,	La Rochelle.
Pinthiau,	Abbeville.
Piron,	La Flèche.
Pitra,	Berlin.
* Piveron,	Mans.
Plaisance,	Bordeaux.
Planchon,	Amiens.
Poelman,	Gand.
Poirson,	Vesoul.
Poisson,	Caen.
Poler cadet,	Carcassonne.
Polm (J. J.),	Erlangen.
Porceli frères,	Naples.
Porquier,	Beauvais.
Poser,	Varsovie.
Pott,	Leipsick.
Pouchon,	Nîmes.
Prevost,	Bourges.
Prevost (J. C.),	Melun.
Prevot,	Nancy.
Prevot,	Tournay.
Prevotau,	Reims.
Proft,	Copenhague.
Prosper et comp.,	Londres.
Proyet,	Carpentras.
* Prudhomme,	Saint-Brieux.
Psaume,	Nancy,
* Puynege,	Bergerac.
* Pyron,	Caen.

Q.

Noms.	Résidences.
Quenin,	Carpentras.
Query (veuve),	Rochefort.
Quinlet,	Pau.

R.

Noms.	Résidences.
Racine,	Rouen.
Ramos de Aguilera,	Madrid.
Rapetti (André),	Palerme.
Rapin (Jos.),	Padoue.
Raspe,	Nuremberg.
Raspdens (Ve),	Nuremberg.
Rau (E. A.),	Nuremberg.
* Raucourt,	Charleville.
Rauquemaurel,	Castres.
Real (Ch.),	Berlin.
Reclam,	Leipsick.
Regnaudot,	Vesoul.
Reimer,	Vienne.
Rein (W.),	Leipsick.
* Reinhard,	Strasbourg,

Noms.	Résidences.
Remelin,	Rennes.
Remnaud (W.),	Hambourg.
Remondini,	Venise.
Renault,	Rouen.
Renger,	Grochoeneau.
Reycends,	Lisbonne.
Reycends frères,	Milan.
Reycends,	Turin.
* Reymann et Ce,	Lyon.
Reynier,	Perpignan.
Riboulet,	La Flèche.
Richard (F.),	Perpignan.
Richard,	Cahors.
Richter,	Altembourg.
Richter,	Munich.
Riegel,	Nuremberg.
Riegers et fils,	Augsbourg.
Rigaut,	Montpellier.
Riss et Saucet,	Moscou.
Rittuer (H.),	Dresde.
* Rob et André,	Glascow.
Robert (D.),	Castres.
Robert et Gauthier,	Lyon.
Robinson (G. J.),	Londres.
* Robiquet,	Rennes.
Roger,	Naples.
* Roland et fils,	Lyon.
Roland et Rivoire,	Lyon.
Rollmann,	Berlin.
Roth,	Gera.
Rothmann,	Berlin.
Rouanet cadet,	Agde.
Roullet,	Marseille.
Rousseau,	Varsovie.
Rousset,	Clermont-Ferrand.
Roustan,	Marseille.
Roux et comp.,	Maestricht.
Rouyer,	Langres.
* Rouzeau-Montault	Orléans.
* Russand (veuve),	Lyon.

S.

Noms.	Résidences.
Sacarau (S.),	Toulouse.
St.-Aubin et fils,	Aix-la-Chapelle
Saint-Aubin,	Nantes.
* Sainton,	Troyes.
Salles,	Riom.
Salvador et fils,	Cadix.
Salvioni,	Rome.
Sancha,	Madrid.
Sanlecque,	La Rochelle.
Savy,	Lyon.
Schadebach,	Leipsick.
Schaumburg,	Vienne.
Scheidhaner,	Magdebourg.
* Scheuler,	La Haye.
Schleik (J.),	Erlangen.
Schloten,	Mayence.
Schmidt,	Dantzick.
Schmidt,	Hambourg.
Schmitz,	Cologne.
Schoel et comp.,	Bâle.
Schoene (Ch.),	Berlin.
Schorpp (J. C.,	Magdebourg.
Schroder (Aug.),	Brunswick.
Schurman (D.),	Amsterdam.
Schwan,	Manheim.
Schwarzkopf,	Nuremberg.
Schweighauser,	Bâle.
Schwekker,	Leipsick.
Sciffart,	Ratisbonne.
Scmidt (Jonas),	Lubeck.
* Seguin (Ve),	Avignon.
Seize,	Dax.
Selier,	Lyon.
* Selignsam,	Nuremberg.
Senechal,	Cambrai.
Senechal,	La Flèche.
Seneuze,	Châlons-sur-M.
Sens,	Toulouse.
Serini,	Bâle.
Serré,	Tournay.
* Sertié,	Genève.
Servolle,	Brest.
Silvers-Tolpe,	Stockholm.
* Simard,	Besançon.
Simon,	Douay.
Simonis (H.),	Cologne.
* Solbrig (C. F.),	Leipsick.
Solli,	Palerme.
Sommer (W. G.),	Leipsick.
Sorly,	Utrecht.
Soto,	Madrid.
* Soudry,	Vendôme.
Spruyt,	Utrecht.

Noms.	Résidences.
Stage (E. H.),	Augsbourg.
Stabbel et compagnie,	Vienne.
Stall,	*Idem.*
Stapleaux,	Bruxelles.
Stein (J. A.),	Nuremberg.
Stemann,	Copenhague.
Stevens (A. B.),	Gand.
Sthor (J. L.),	Budingen.
Stiebner (J. G.),	Nuremberg.
Stiller (H. C.),	Rostock
Storti (G.),	Venise.
Streng (J. P.),	Francfort.
Sube et Laporte,	Marseille.
Surel,	Toulon.
Suret,	Aix.
T.	
* Tarbé,	Sens.
Tarlier,	Douay.
Teeckelenburgh (H. Van.),	La Haye.
Terres frères,	Naples.
Thessin,	Sedan.
Thefar,	Vendôme.
Thomas (F.),	Brunswick.
Thourneysen (E.),	Bâle.
Topinot,	Arras.
Toscaelli et comp.,	Turin.
Tonnetz,	Pau.
* Tournachon-Molin,	Lyon.
* Tournes cadet,	Avignon.
Tournel,	Montpellier.
Toussaints-Dubreuil,	Poitiers.
* Toussaints,	Saintes.
Toutain,	Mans.
Tratner,	Vienne.
Tresboc (Ve, et Gosse neveu,	Bayonne.
* Trecourt (J. B. L.),	Mézières.
Tremblay,	Senlis.
* Treuttel et Wurtz,	Strasbourg.
Tripier (P. N.),	Angers.
Tronquoy,	La Fère,
Troschel (Ferd.),	Dantzick.
Tutot,	Liége.

Noms.	Résidences.
U.	
Unger (Fréd.),	Berlin.
Unger (J. F.),	*Idem.*
Uylenbrock,	Amsterdam.
V.	
Vabais,	Saint-M
Valenza,	Palerme.
Valerny,	Gorlitz.
Vallée frères,	Rouen.
Vamwormhoutd,	Dunkerque.
Vanakere,	Lille.
Van-Clef,	Roterdam.
Van-Cleff (J.),	La Haye.
Vandenberghen,	Bruxelles.
Vandenhook,	Gottinguen.
Vanderhaert,	Louvain.
Vanderhey,	Anvers.
Vander Kroe et Copel,	Amsterdam.
Van-Duren,	Francfort.
Vangulden,	Maestricht.
Van-Gulick,	Amsterdam.
Van-Gulick,	La Haye.
Van-Overbecke,	Louvain.
Van-Paddenburg,	Utrecht.
Vanthol,	La Haye.
Varlé,	Tournay.
* Varlé,	Valenciennes.
Varrentrapp,	Francfort.
* Vatar,	Rennes.
Vatot,	Epinal.
* Vauquer-Lambert,	Tours.
Vauquier,	Trèves.
Vautrat,	Reims.
* Vautrin,	Epinal.
Vedeilhée (Ve),	Vienne.
Veladini,	Milan.
Velding (H.),	Amsterdam.
Verlem (J.),	*Idem.*
Vernarel,	Bourg-en-Br.
Vernander (J.),	S.-Pétersbourg.
* Veronese,	Pau.
* Vialanes,	Aurillac.
Vidal,	Montpellier.

Noms.	*Résidences.*
* Vidalin,	Moulins.
Viesweg (F.),	Berlin.
Villet,	Verdun.
Vilmet,	Mons.
Viret,	Valence.
Vitalis,	Bar-sur-Aube.
Vitel,	Neuchâtel.
Voss et comp.,	Leipsick.
Vyard,	S.-Pétersbourg.

W.

Noms.	*Résidences.*
Wagner (J.),	Augsbourg.
Waldmann,	Mayence.
Walois,	Amiens.
Wappler,	Vienne en Aut.
Wappler (C. F.),	*Idem.*
Wardours (S.),	Londres.
Warin,	Epernay.
Warnars (G.),	Amsterdam.
Warnotte,	Liége.
* Waroquier,	Soissons.
Water frères,	Dresde.
Wedel,	Dantzick.
Weidmann,	Leipsick.
Weigel et Schneider,	Nuremberg.
Weiland,	Mayence.
Weilbrechts,	S.-Pétersbourg.
* Weims,	Dunkerque.
* Weiss Breede,	Offenbach.
Werbert,	Erfort.
Wessenbruch,	Bruxelles.
Weyver (Arn.),	Berlin.
* Wilerval,	Douay.
Wilman (F.),	Bremen.
Wirsing,	Nuremberg.
Wittekind,	Eysenach.
Witz fils.	Mulhausen.
Wolf (P. Ph.),	Leipsick.
Woss (J.),	Augsbourg.
Wolfang (G.),	Prague.
Wolmer (G.),	Erfort.

Y.

Noms.	*Résidences.*
Yutema et comp.,	Amsterdam.

Z.

Noms.	*Résidences.*
Zatta (Ant.),	Venise.
Zeh,	Nuremberg.
Zeigler et fils,	Zurich.
Zimmerman (S. G.),	Wirtemberg.

TABLEAU ALPHABÉTIQUE

DES

PRINCIPALES VILLES DE L'EUROPE,

Avec l'indication, 1° du département ou de l'état où elles sont situées ; 2° de l'ancienne province dont elles faisaient partie ; 3° des productions, commerce et manufactures qui y sont ; 4° de leurs positions et distances de Paris en lieues de poste ; 5° de leur population ; 6° enfin, des libraires et imprimeurs-libraires qui y résident.

N. B. Les métropoles des dix-sept provinces qui divisaient la Gaule sous l'Empire Romain sont indiquées par M., les capitales des états par cap., les ports de mer par po., les capitales des provinces sous la monarchie par C., les chefs-lieux de préfectures par P., les siéges des tribunaux d'appel et les sénatoreries par S., les archevêchés par A., les évêchés par E., et enfin les lycées par L.

Noms des villes.	*Populat.*	*Dist.*	*Posit.*	
ABBEVILLE, départ. de la Somme, ci-devant Picardie, grande ville, commerçante.	18,052	41	N.	* Devérité. François. Liévin. Penthiau.
Agen, Lot et Garonne, (Gascogne) gr. v. S. E. P.	10,569	185	S.	Noubel.
Aix, Bouches-du-Rhône, (Provence) ville commerçante. M. C. S. A.	21,009	196	S.	Leboiteux. * Mouret. Suret.
Aix-la-Chapelle, la Roër, (Allemagne, cercle de Westphalie) ville grande, belle et considérable. M. C. P. E.	24,419	103	N. E.	Barchon (L. F.). Houben (J. G.). Leuvenich (J. J.). Neuer et Cudelle. St.-Aubin et fils. • Laruelle.
Alby, Tarn, (Languedoc) ville commerçante. P.	9,649	197	S.	* Baurens.
Alençon, Orne, Normandie, grande ville commerçante. P.	12,407	46	N. E.	Epernay. Jouanne (André). * Malassis.
Alexandrie, Marengo, (Italie) ville com. P. E. L.	30,000	208	N. O.	Delpian.

…NCES ENTRE ELLES.

								Amsterdam
							Berlin	150
						Berne	168	158
					Constantinople	455	407	516
				Copenhague	410	281	117	120
			Cracovie	229	290	240	112	266
		…ublin	420	265	665	289	305	155
…e	393	228	326	360	115	330	315	
…5	372	165	330	400	70	260	290	
…6	234	172	87	455	190	60	85	
…8	410	90	120	380	295	113	310	
…1	491	550	680	726	360	587	350	
…8	91	330	180	580	204	220	70	
…8	385	492	475	620	272	500	385	
	335	222	275	420	70	230	210	
…8	665	270	300	350	460	227	510	
…2	495	282	400	257	200	350	425	
…0	191	330	274	598	128	263	121	
…8	600	211	210	580	470	300	520	
…8	321	90	155	334	140	69	166	
	377	252	365	300	180	300	375	
…8	345	221	120	450	446	200	300	
	363	252	315	412	80	259	280	
	417	45	144	335	250	72	262	
	375	72	200	292	175	127	225	

TABLEAU DES CAPITALES DE L'EUROPE, LEURS DISTANCES ENTRE ELLES.

Le carré qui se trouve dans l'angle commun de deux villes, donne la distance qui existe entre elles.

AMSTERDAM																									
BERLIN																									150
BERNE																								168	158
CONSTANTINOPLE																							455	407	516
COPENHAGUE																						410	281	117	120
CRACOVIE																					229	290	240	112	266
DUBLIN																				420	265	665	289	305	155
FLORENCE																			393	228	326	360	115	330	315
GÊNES																		45	372	165	330	400	70	260	290
HAMBOURG																	379	266	234	172	87	455	190	60	85
KŒNISBERG																170	375	388	410	90	120	380	295	113	310
LISBONNE															700	515	320	441	491	550	680	726	360	587	350
LONDRES														406	333	150	287	308	91	330	180	580	204	220	70
MADRID													300	106	613	476	250	308	385	492	475	620	272	500	385
MILAN												271	250	375	342	230	28	58	335	222	275	420	70	230	210
MOSCOU											496	880	580	946	300	595	430	548	665	270	300	350	460	227	510
NAPLES										550	163	350	410	500	518	328	140	102	495	282	400	257	200	350	425
PARIS									360	709	219	309	100	409	346	186	222	280	191	330	274	598	128	263	121
SAINT-PÉTERSBOURG								544	663	175	460	750	550	850	168	360	407	518	600	211	210	580	470	300	520
PRAGUE							260	246	358	430	170	454	236	532	176	115	204	228	321	90	155	334	140	69	166
ROME						234	535	332	50	520	110	300	360	444	345	300	90	52	377	252	365	300	180	300	375
STOCKOLM					430	196	120	381	550	256	430	700	260	830	85	140	374	488	345	221	120	450	446	200	300
TURIN				460	112	200	560	188	173	520	31	242	279	360	360	270	34	71	363	252	315	412	80	259	280
VARSOVIE			315	176	300	131	164	376	473	315	285	569	332	647	45	280	330	343	417	45	144	335	250	72	262
VIENNE		120	180	350	180	54	336	306	210	340	150	420	290	535	165	175	210	156	375	72	200	292	175	127	225
VENISE	100	220	93	430	90	148	430	284	120	440	56	327	306	480	265	265	113	56	385	172	280	390	85	217	316

Noms des villes.	*Populat.*	*Dist.*	*Posit.*	
Altona, ville du Danemarck, près Hambourg.	24,000	188	N.	Bechtold (J. F.). Pinckwoss (C. G.).
Amiens, Somme, (Picardie) gr. ville, riche, peuplée, très-com. C. P. S. E. L.	41,279	31	N. E.	* Caron aîné. * Caron-Berquier. Choquet. Darras. * Maisnel. Mariette. Patin. Planchon. Valois.
Amsterdam, république Batave, (Hollande) ville grande, belle, riche, très-commerçante dans toutes les parties du monde. C'est dans cette ville que Blaeu, cet excellent imprimeur, exerçait ses talens. Cap. port.	230,000	121	N.	Coclers-Colfurnis. Dufour (Gabriel). Geyler et comp. Holtrop (W.). L'Héritier (C. N.) et Guérin. Schuurman (D.). Uylenbrock (P. G.) Vander Kroe et Capel. Van-Gulick. Velding (H.). Verlem. (J.). Warnars (G.). Yntema et comp.
Angers, Maine-et-Loire, (Anjou) grande ville, C. P. S. E. L.	33,000	73	S. O.	Fourier-Mame. Tripier. (P. N.).
Angoulême, Charente, (Angoumois) grande ville, C. P. E.	13,000	118	S. O.	Bargeas. Broquille. Marrot.
Anvers, Deux-Nèthes, (Brabant hollandais) grande et belle ville, P. port, école de navigation. Plantin porta dans cette ville à un haut degré de perfection le bel art de l'imprimerie. Cet homme illustre mourut après avoir amassé de grandes richesses, dont il se servit pour honorer les sciences, et aider les savans.	56,318	86	N. E.	Ancelle. Caravel. Granger. * Vanderheyde.

Noms des villes.	*Populat.*	*Dist.*	*Posit.*	
Arles, Bouches-du-Rhône, (Provence) grande, belle et ancienne ville commerçante.	18,470	186	S. E.	* Mesnier. Gaudion.
Arras, Pas-de-Calais, (Artois) grande et forte ville commerçante, C. P. E.	19,958	44	N.	Boquet. Coupé. Deprez. Guy de la Sablonière. Lacroix. Laureau. Leclercq-Camier. Nicolas (veuve). Topineau et Sœcas.
Asti, Tanaro, (Piémont) P.	21,225	197	S.	
Auch, Gers, (Gascogne) ville commerçante, M. C. P.	7,696	205	S. O.	* Duprat, Lacaze (M.). Larivière.
Augsbourg, Allemagne, capitale du cercle de Souabe, ville impériale, grande, belle et commerçante.	36,000	171	N.	Beith frères. Doll (Nicolas). Lotter et comp. Rieger et fils. Stage (E.). Wagner (J.). Wolf (J.).
Aurillac, Cantal, (haute Auvergne) P.	10,357	127	S.	Vialanes.
Autun, Saône et Loire, (Bourgogne) ancienne ville. E.	9,176	73	S. E.	Cormier. Dauphin. * Dejussieu. Maron.
Auxerre, l'Yonne, (Bourgogne) ancienne ville, P.	12,047	41	S. E.	Bonnard (P.). * Fournier (veuve).
Avignon, Vaucluse, (Comtat d'Avignon) grande et belle ville, C. P. E.	21,412	177	S. E.	* Aubanel. Bertrandet (Siffren). * Bonnet. * Chayot aîné. * Garrigan aîné. * Joly. * Offray fils. * Seguin (veuve). * Tournel.

Noms des villes.	*Populat.*	*Dist.*	*Posit.*	
Bade, jolie ville d'Allemagne, Souabe, capit. du margraviat. Résidence de l'électeur. Eaux minér.	12,000	129	N. E.	Deinter.
Bâle, République helvétique Suisse, capitale du canton, grande, belle, ville très-commerçante.		117	E.	Decker (J.). Flick. Haag. Imhoff (J. J.). Michel frères. Schweigausser. Serini.
Bamberg, Allemagne, cercle de Franconie, ville grande, belle.	20,000	192	N. E.	Martin.
Barcelonne, belle, grande, forte, et l'une des principales de l'Espagne, cap. de la Catalogne.	100,000	251	S. O.	Bonnardel et Simon. Bernadette. Echterling (M.). Girard frères.
Bar-sur-Ornain, Meuse, (Lorraine) ville commerçante, P.	8,961	63	E.	Bristol. Chopin. Mecuson.
Bastia, Golo, (île de Corse) avec un bon port et un fort château, P.	11,336	290	S.	Batini. Mutel.
Bayeux, Calvados, (basse Normandie) grande ville commerçante. E.	9,600	60	N. O.	Groult. Lefrançois (Ch.). Lepelley (Gasp.). * Nicole.
Bayonne, Basses-Pyrénées, (Gascogne) ville forte et riche, port commerçant, E. école de navigation.	13,190	248	S. E.	* Bonzom. Tresboc (Ve) et Gosse neveu. Gosse et comp. Bernard. Carré. Franc.
Beaucaire, Gard, (Bas-Languedoc) petite ville, célèbre par sa foire	7,943	140	S.	
Beauvais, Oise, (Picardie) ville commerçante, P.	12,392	17	N.	Chedin. * Desjardins. Masson. Meunier. Porquier.
Bergame, Italie, Etat ci-devant de Venise, République Italienne, grande ville, célèbre par ses tapisseries.	18,000	229	N. E.	Lancelotti.

Noms des villes.	*Populat.*	*Dist.*	*Posit.*	
Berlin, haute Saxe, capitale de l'électorat de Brandebourg. Le roi de Prusse y fait sa résidence; ville grande et bien fortifiée.	151,000	263	N.	Decker (George). Felisch (E.). Franke (E.). Haude et Sener. Hartmann (C. K.). Himbourg (C. F.). Lagarde (liv. fr.). Langé (G. A.). Matz Dorf (C.). Metra, (liv. fr.). Mydius (A.). Nauck (G. C.). Ochmigke jeune. Pauly (J.). Pietra. Real-Schule. Rothmann. Schoene (Ch.) Unger (J. F.). Viesweg (F.). Weyver (Arn.).
Berne, République Helvétique (Suisse) cap. du canton, grande, belle commerçante.	15,000	129	E.	* Gesner. Haller (Em.). Heinzmann. Horttin (Em.). Lutz.
Besançon, Doubs, (Franche-Comté) ancienne, grande, belle et très-forte ville comm. M. C. P. S. A. L. école d'artillerie.	28,436	97	S. E.	Chamberland. * Couché (M.). Daclin. Diez. Girard (veuve). Lespagnez. * Simard.
Beziers, Hérault, (Languedoc) ville ancienne, belle et commerçante.	14,335	157	S.	Bouquet, Bourvillon, Fonteneau, Fusier, Odezene.
Blois, Loir-et-Cher, (Blaisois) ancienne et belle ville commerçante. P.	14,900	43	S. O.	* Billaud.
Bologne, Italie, ville commerçante, grande, belle, riche.	72,000	258	S.	Luchesini.

Noms des villes.	*Populat.*	*Dist.*	*Posit.*	
Bordeaux, Gironde, (Guienne) ancienne, belle, grande et riche, ville très-commerçante, port, M. C. P. S. A. L. école de navigation.	90,992	152	S. O.	* Beaume. Bergeret. * Bergeret neveu. Brossier. Burkel (mad.). Castillon frères. Chappuis frères. Gentrac (veuve). * Lacourt. Lafitte. Melon et comp. Pellier Lavalle (madame). Philibert. * Philipot. Plaisance.
Boulogne, Pas-de-Calais, (Picardie) grande et belle ville, port, commerç.	10,687	60	N.	* Battul. Buttel. Dangerville. Griset (Yvin). Huin (veuve). Leteurtre.
Bourg-en-Bresse, Ain, (Bresse) P.	6,984	108	S.	* Bottier. Janinet et comp. Vernarel.
Bourges, Cher, (Berry) ancienne, grande et belle ville, mal peuplée, M. C. P. S. A. L.	16,330	59	S. E.	* Brulass. * Manceron. Prevost (veuve).
Brandebourg, grande et très-ancienne ville de l'Allemagne, au cercle de la H.-Saxe, dans la moyenne Marche de Brandebourg; cap. anciennement de l'élect. Fort commerçante.		200	N. E.	Haller. Leick.
Bremen, ville anséatique, au cercle de Basse-Saxe, cap. du duché, entrepôt du commerce de l'Europe et de l'Amérique septent.	40,000	158	N. E.	Wilman (F.).
Breslaw, Bohème, cap. de la Silésie, grande, belle, riche, commerçante, université.	50,000	297	N.	Gehr et comp. Korn *senior.* Korn *junior.* Meyer (E. G.).

Noms des villes.	*Populat.*	*Dist.*	*Posit.*	
Brest, Finistère, (Basse-Bretagne) grande ville, forte, très-peuplée, un des meilleurs et des plus beaux ports de la République, qui peut contenir 500 vaisseaux de ligne. Ecole des ingénieurs de vaisseaux.	25,865	149	O.	Dauvin. Dot. * Egasse frères. Gauchelet. Guepratte. Lefournier. * Malassis. * Michel. Servolle.
Bristol, Angleterre, ville très-connue par ses foires, grande, belle et riche, po.	95,000	134	N. O.	Pine.
Bruges, Lys, (Flandre autr.) belle et gr. ville, com. P. E.	33,632	74	N. E.	Debusscher. Marlier.
Brunswick, cercle de la Basse-Saxe, cap. du Duché, ville forte et grande.	28,000	127	N.	* Fauche (P. F.). Mayer. Meissner. Schroeder (Aug.). Thomas (F.).
Bruxelles, Dyle, (Brabant) grande et belle ville, commerçante, capitale, P. S. L.	66,297	75	N. E.	Berthod. Boubers. Colaer. Demat. Lecharlier. Ermens. Fabry. * Lefrancq. Lemaire. Lammens. Stapleaux. Vandenberghen. Wessembruck.
Cadix, Espagne, Andalousie, ville forte, très-riche et com. bon port. Il vient d'être établi dans cette ville une académie où les jeunes gens qui se destinent au commerce pourront recevoir une éducation analogue à leur etat. Il y aura trois chaires, dont les professeurs enseigneront, l'un le calcul mercantile, le second la géographie commerçante, le troisième donnera des leçons sur la partie politique du comm.	80,000	409	S.	Bertrand, veuve et fils. Hermil. Melguion et comp. Moreau (E.). Salvador et fils.

Noms des villes.	*Populat.*	*Dist.*	*Posit.*	
Caen, Calvados, (Normandie) grande et belle ville, commerçante, C. S. P. L. école de navigation.	30,923	55	O.	* Chaloppin. Lebaron (Hélène). * Leroy. Malassis, Manoury aîné. * Manoury jeune. Poisson. * Pyron.
Cahors, Lot, (Quercy) ville commerç. P. E. L.	11,228	152	S.	Richard (F.).
Calais, Pas-de-Calais, (Picardie) ville assez considérable et port très-fortifié, passage le plus fréquenté de France en Angleterre.	6,996	54	N.	Bellegarde. Maury. Pigault-Maubaillard.
Cambrai, Nord, (Flandre) ville très-forte, E.	13,799	46	N.	* Berthoud (S.) Hurez. Senechal.
Carcassonne, Aude, (Languedoc) ville ancienne et considérable, commerçante, P. E.	15,219	202	S.	Heirisson. Poler cadet.
Carpentras, Vaucluse, (Comtat Venaissin).	9,900	190	S.	Pesme. Proyet. Quenin.
Castres, Tarn, (Haut-Languedoc) sous-préf.; ville assez commerçante.	15,171	182	S.	Lepoitiers. * Robert (D.).
Châlons-sur-Marne, Marne, (Champagne) grande ville, P.	11,120	42	E.	Briquet. * Lambert. * Mercier. Pavier. Deneuze.
Châlons-sur-Saône, Saône-et-Loire, (Bourgogne) ancienne ville, commerç. entrepôt du commerce de la Méditerranée.	10,431	84	S. E.	Chambellan aîné. Maudidier.
Chambéry, Mont-Blanc, capitale de la Savoie, ville considérable, P. E.	10,800	140	S. E.	Bergouin. Puteau.
Charleville, Ardennes, (Champagne) v. forte, P.	7,724	58	S.	* Delenosez. * Guyot. * Raucourt.

Noms des villes.	*Populat.*	*Dist.*	*Posit.*	
Chartres, Eure-et-Loir, (Beauce) ville ancienne et considérable, P.	13,794	21	S. O.	* Deshayes. * Durand-Letellier. Hervé, Jouanne. * Labate, * Lacombe.
Châteauroux, Indre, (Berry) P.	8,049	64	S. O.	
Chaumont, Haute-Marne, (Bassigny) ville commerçante, P.	6,188	50	S. E.	* Bouchard (veuve).
Cherbourg, Manche, (Normandie) port.	11,389	88	N.	Coquière. Moisson, (N.)
Clermont, Puy-de-Dôme, (Auvergne) ville riche, peuplée et commerçante, C. P. S. E.	30,000	93	S.	* Beaufils. Berthel. * Delcros. Desaumade. Rousset.
Clèves, Roër, cercle de Westphalie, cap. du duché, belle ville.	4,243	250	N. E.	Hoffmann.
Coblentz, Rhin et Moselle, cercle du Bas-Rhin, ci-devant résid. de l'électeur, P.	10,691	125	N. E.	Lassaut.
Colmar, Haut-Rhin, (Alsace) ville considérable, P. S.	11,933	119	E.	Decker. Fontaine cadet. Neukirch.
Cologne, Roër, Allemagne, cap. de l'élect. du même nom, ville ancienne, grande, riche et célèbre, M.	42,706	104	E.	Faber et Nitsche. Haas-Horst. Langen (S.). Metternich (Ve). Oedenkoven et Thiriat. Simonis (H.). Schmidt.
Coni, Stura, (Piémont) P.	16,500	202	S.	
Copenhague, Danemarck, cap. grande, forte, bon port, citadelle, université, archevêché.	86,000	273	N.	Chevalier. Gildendahl. Moller. Peltz (F. C.). Philibert. Prost. Stemann.

Noms des villes.	*Populat.*	*Dist.*	*Posit.*	
Courtray, Lys, (Belgique) ville renommée par ses toiles.	13,572	64	N.	Gambar.
Coutances, Manche, (Normandie) ville ancienne et commerçante. E.	7,922	71	O.	Hebert. * Joubert. Lemière.
Cracovie, ci-dev. Pologne, à l'empereur, cap. ville grande, bien peuplée, université.	25,000	330	N. E.	
DANTZICK, Prusse, Pologne, ville impériale et anséatiq. grande, belle, très-considérable, avec un bon port.	50,000	346	N.	Florke. Schmidt. Troschel (Ferd.). Wedel.
Dieppe, Seine-Inférieure, (Normandie, pays de Caux) belle ville, avec un un bon port.	20,000	45	N.	* Dubuc. Godeby. Joubert (J. F.). Lainé.
Digne, Basses-Alpes, (Provence) petite ville, où se trouvent des bains, P. E.	2,872	186	S.	
Dijon, Côte-d'Or, (Bourgogne) grande, belle et riche ville, commerçante, C. P. S. E. L.	18,888	75	S. E.	Beygné. Bidault. * Capel (J. B.). Coquet. Bernard Defay. * Frantin.
Dôle, Jura (Franche-Comté) belle ville commerç.	9,000	90	S. E.	* Chaboz. Joly.
Douay, Nord, (Flandre) grande et fertile ville, commerçante, école d'artillerie, L. S.	18,236	50	N.	* Derbaix. Simon. Tarlier. * Wilerval.
Draguignan, Var, (Provence) petite ville, P.	6,561	178	S.	Fabre. Millon (J.).
Dresde, Haute-Saxe, capit. de l'électorat de Saxe, grande, forte.	57,000	212	N.	Gerlach (J. S.). Hilcher (P. C.). Walter frères. Rittner (H.).

Noms des villes.	*Populat.*	*Dist.*	*Posit.*	
Dublin, cap. de l'Irlande, ville grande, belle et commerçante.	150,000	191	N. O.	Alister et fils. Archer. Butler. Eving. Gilbert (W). Grubert. Jones (W.). Kenzie (V.).
Dunkerque, Nord, (Flandre) grande et belle ville, port de mer avec des fortifications, école de navigation.	21,158	74	N.	Archange. Boubers. Debaecker (P. G.). Drouillard (J. J.). Ducamps. Frémeaux. * Laurenz. Letocart. Lorenzo (Em.). Lorenzo (N.). Paulnier. Vamwormhoudb. * Weims.
Dusseldorf, Allemagne, cercle de Westphalie, cap. du duché de Berg, ville forte, palais de l'électeur.	,	113	N. O.	Jacobi.
ÉDIMBOURG, cap. de l'Ecosse, ville grande et très-forte.	85,000	180	N. E.	Balfour. Longmann.
Epinal, Vosges, (Lorraine) petite ville, commerç. P.	7,321	99	S.	Bobau. Bugeart. Vatot. * Vautrin.
Evreux, Eure, (Normandie (ancienne ville, P. E.	8,426	26	N. E.	Ancelle. Audiger. Lanoé. Magnier.
FALAISE, Calvados, (Normandie) belle ville, connue par ses foires de Guibray, l'un de ses faubourgs.	14,000	64	O.	Bouquet. Lautour. Lecrenne.
Florence, Italie, capit. du royaume d'Etrurie, gr. et belle ville, résid. du gouv.	80,000	280	S.	Molini. Bouchard.

Noms des villes.	*Populat.*	*Dist.*	*Posit.*	
Foix, Arriége, (Languedoc) petite ville assez commerçante, C. P.	3,600	197	S. O.	
Fontenay, Vendée, (Poitou) belle ville commerç. P.	5,960	115	N.	Cochon.
Francfort, Allemagne, cercle du Haut-Rhin, ville impériale, belle, grande, forte, commerç. fameuse par ses foires; c'est le lieu de l'élection de l'empereur.	43,000	123	N.	André. Broënner. Dietz (J. C.). Eichenberg. Esselinger, (F.). Fleischer. Garbe. Gebhard et Korber. Hermann (Aug.). Kesler. Streng (J. P.). Van-Duren. Varrentrapp.
Francfort-sur-l'Oder, Allemagne, Haute-Saxe, au royaume de Prusse, ville belle, riche, remarquable par ses foires, une université.	10,000	220	N. E.	Kunz (J. A.).
GAND, Escaut, (Belgique) ville grande, riche, et l'une des plus considérables de France, C. P. E.	55,161	75	N. E.	Barbot. Bogaert. Fernand. Goessin-Verhaeghe. Poelman. Stevens (A. B.).
Gap, Hautes-Alpes, (Dauphiné) ancienne ville, où se trouvent des eaux minérales, P.	8,050	165	S. O.	
Gènes, Italie, cap. de la République Ligurienne, ville grande, très-forte, belle, commerçante, port fréquenté.	80,000	222	S.	Bailleux. Gravier (Yves). Gambas.
Genève, Léman, (République alliée des Suisses) ville grande, belle et peuplée, C. P. Il s'y fabrique d'assez belles éditions dont le produit se consomme en Allemagne et en Italie.	22,759	125	S. E.	Bonnaut. Dyvernois. Lossier. * Manget. * Paschoud. * Sertié.

Noms des villes.	*Populat.*	*Dist.*	*Posit.*	
Glascow, Ecosse, ville commerçante, belle, grande, avec université. C'est dans cette ville que les Foulis, en travaillant au perfectionnement de l'art, travaillaient à leur fortune, qui, en pareil cas, ne manque jamais de venir. Ils envoyaient pour deux millions par an de leurs livres. Qui ne desirerait en France faire un pareil commerce ?	30,000	214	N. E.	Rob et André. Foulis.
Gotha, Haute-Saxe, capit. du duché de Turinge, ville com. avec un cél. collége.		188	N. E.	Ettinger (Calw.) Perthas (Justin).
Grasse, Var, (Provence) petite ville commerçante.	12,521	158	S. E.	Girard.
Grenoble, Isère, (Dauphiné) ville considérable, commerçante, C. P. S. E. L. école d'artillerie.	20,654	143	S. E.	Allier. Durand. * Falcon. * Giroud (veuve). Cadou et David. * Faure.
Guéret, Creuse, (Marche) petite ville, C. P.	3,125	104	S.	
HAMBOURG, cercle de Basse-Saxe, ville impériale et anséatique, la plus grande, la plus riche et la plus com. de l'Allemagne; les plus grands vaisseaux y remontent par l'Elbe.	80,000	186	N.	Bohn (C. E.). Châteauneuf (Ve). Dujardin. Fauche (P. F.) et comp. Hoffmann (B. G.). Mutzenbecher. Perthes (Fr.). Remnaud (W.). Hermann.
Hanovre, cercle de Basse-Saxe, cap. de l'électorat, ville gr. belle, forte et com.	15,000	130	N. E.	Helwing. Schmidt.
Havre, (le) Seine-Inférieure, (Normandie) port de mer, avec une bonne citadelle, école de navigat.	20,600	52	N.	Gilbert et comp. Laiguillon. Patry. * Faure (Stan.)

Noms des villes.	*Populat.*	*Dist.*	*Posit.*	
Issoudun, Indre, (Berry) petite ville commerçante.	10,265	46	S.	
Ivrée, Doire, (Italie) cap. du Canuvez, ancienne et forte ville, P. E.	7,020	180	S.	
Konigsberg, Prusse, capit. ville grande, belle, commerç. port, université, palais magnifique.	55,000	376	N. E.	Hartung. Nicolovius (F.).
La Haye, République Batave, (Hollande) magnifique bourg, très-peuplé, résidence du Gouvernement; commerce considérable, sur-tout en librairie.	38,400	109	N.	Dethune. Gosse. * Scheuler, Teeckelenburgh. Van-Cleff (J.). Van-Gulick.
Langres, Haute-Marne, (Champagne) l'une des plus hautes villes en France.	7,283	47	S. E.	* Bornot (L.). * Defay. Jacquard. Leonard. Rouyer.
Laon, Aisne, (Soissonnais) ville commerçante, P.	6,691	33	N. E.	* Courtois. Melleville.
La Rochelle, Charente-Inférieure (Aunis) ville forte, port de mer, commerçante, C. E. sous-préfecture.	17512	123	S. O.	Cappon (Vincent). Chabosseau. * Chauvet. * Legier. * Lhomandié. * Mesnier. Pavie et sœurs. Pintenelle. Sanlecque.
Laval, Mayenne, (Maine) ville considérable, P.	13,825	69	S.	Andouart (G).
Lausanne, République Helvétique, (Suisse) cap. du pays de Vaud, ville grande et belle.	7,000	137	S. E.	Fischer et Vincent. Hignon et comp. Luquiens.

Noms des villes.	*Populat.*	*Dist.*	*Posit*	
Leipsick, cercle de la Haute-Saxe, ville libre, sous la protection de l'électeur de Saxe, grande, belle, forte, riche, très-commerçante, remarquable par ses foires de librairie, université célèbre. Goeschen a publié un Nouveau Testament, qui a été regardé en général par les connaisseurs comme un des objets les plus considérables de la dernière foire: la beauté, la netteté de l'exécution et du nouveau caractère en ont fait un véritable chef-d'œuvre typographique comparable à tout ce que les presses de Bodoni et des Didot ont jamais produit de plus parfait.	30,000	228	N. E.	Barnuheck (C.G). Barth, (J. A.). Barthel (C. G.). Baumgartner (F.). Beer (G.). Beygand (J. G.). Bohm (A. F.). Bottger (J.). Buitkopf et Hartel. Crusius (S. L.). Dek. Feind (J. C.). Fleischer (Gér.). Fritzch (Gasp.). Graff (H.). Granner (J. P.). Grieshammer. Goeschen (J. J.). Hahmann (J. J.). Harter (Ch. G.) Hechner (P. G.). Hedrich (J. C.). Heinsius (J. M.). Hetzer (J. G.). Hilscher (Ch. G.). Hinrisch. Hofers. Keck (W.). * Klaubarth (C. C.). Kohler (C. F.). Kummer (P. G.). Leo (F. G.). Liebeskind (A. G.) Linke. * Loper (A. E.). Muller. Pott. Schadebach. Schwicker. * Solbrig (C. F.). Sommer (W. G.). Reclam. Rein (W.). Voss et comp. Weidmann. Wolf (P. Ph.).

Noms des villes.	*Populat.*	*Dist.*	*Posit.*	
Leyde, République Batave, (Hollande) ville riche, grande, forte, académie célèbre. C'est à Leyde et à Amsterdam que les Elzevirs se sont fait un nom, par les belles éditions dont ils ont enrichi la république des lettres, dans le choix des bons livres et dans l'intelligence de la librairie : personne n'a été au-dessus d'eux.	44,000	96	N.	Haak et comp. Luchtmans. Luzac et Vandeme. Murray frères.
Liége, Ourthe, (pays de Liége) ville grande et commerç. C. P. S. E. L.	50,000	93	N.	Bassompierre. Berard. * Bolen. Boubers. Bourguignon (Ch.) Chefneux. * Déhaye. Demazeaux. * Desoer. Duvivier-Renoz. * Latour. Lemarié. * Leruite. * Loxhai. * Monens fils. Warnotte.
Lille, Nord, (Flandre) grande, belle et forte ville, considérable par son commerce, C. P.	54,756	58	N.	Castiaux. Daniel. Dumortier. Hautecœur. Lefort. Lemaitre. Vanackere.
Limoges, Haute-Vienne, (Limosin) ville commerçante en papier d'impression. C. P. E. L.	20,255	97	S. E.	* Barbou. Bargeas. * Chapoulaud. * Dalesme (J. B.) * Farne (J.). Quintinie (B.).

Noms des villes.	*Populat.*	*Dist.*	*Posit.*	
Lisbonne, Portugal, capit. du royaume, bon port, université, archevêché.	190,000	409	S. O.	Bernard. Bertrand (ve et fils) Borel et comp. Dubeux et Borneaux. Martin (Paul). Reycends.
Lisieux, Calvados, (Normandie) petite ville com.	10,171	42	O.	* Mistral. Delaunay.
Livourne, Italie, royaume d'Etrurie, ville commerçante, grande, belle, forte, riche, et bon port.	70,000	214	S. E.	Fontaine. Gamba. Masi et comp. Nataly (F.).
Londres, cap. de toute l'Angleterre, résid. du Gouv., grande, belle, commerçante, riche. La typographie ne paraît pas avoir fait des progrès sensibles depuis les ouvrages sortis des presses des Foulis et des Baskerville. On admire, avec raison, la netteté et l'égalité des caractères; mais ils sont surpassés par les Ibarra, les Bodoni, et sur-tout les Didot. On ne peut se dissimuler néanmoins qu'il s'y fabrique un nombre de livres de la plus grande beauté; mais c'est la bonté du papier, supérieur pour la blancheur et la forme, même à celui d'Hollande, qui contribue presque toujours au succès, et force, pour ainsi dire, à l'admiration. Tel est le Lucrèce latin avec des notes de Wakefield, 3 vol. petit in-fol. Londres, 1800. Cette éd. p. v. ornée du portrait de l'auteur, peut être regardée comme magnifique, et un chef-d'œuvre.	800,000	100	N. O.	Clarck et Son. Deboffe, (J. S.). Deconchy. Dodley. * Dulau et comp. Egerton. Evans. Faulder (R.). Gameau et comp. * Goldmith. Hardy et fils. Hookham (Th.). Kearsly et comp. Lackington et Ce. Lane (W.). Molini. Murray et Highey. Payne (Th.) et comp. Payne jeune. Prosper et comp. Robinson (G. J.). Wardours (S.).

Noms des villes.	*Populat.*	*Dist.*	*Posit.*	
Lons-le-Saunier, Jura, (Fr.-Comté) petite ville com. P.	6,041	104	S. E.	Gabriel (E.). Joly.
Lorient, Morbihan, (Bretagne) ville et port considérable, commerce des Indes et d'Asie, école de navigation.	17,857	119	O.	Baudoin (veuve). Fauvel. Lecoat-St.-Hoen. Lejeune. Lepontois.
Louvain, Dyle, (Brabant) grande ville.	18,587	81	N.	Vanderhaert. Van-Overbecke.
Lubeck, cercle de la Basse-Saxe, ville impériale, commerçante, grande, belle, riche, forte, port, espèce de république.	30,000	200	N. E.	* Donatius. Helmann. Iverson et comp. Semidt (Jonas).
Lunéville, Meurthe, (Lorraine) très-jolie pet. ville.	10,436	75	S. E.	Antoine. Chenoux. Messuy.
Luxembourg, Forêts, (duché du même nom) ville cons. et très-fortif., C. P.	9,002	85	N. E.	Cercelet.
Lyon, Rhône, (Lyonnais) ville grande, belle, et la plus considérable après Paris, très-commerçante en librairie, école vétérinaire, M. C. P. S. A. L. L'imprim. date dans cette ville de l'époque où elle fut introduite en France : c'est une branche d'industrie qui contribue à la faire fleurir ; ce commerce spécule sur les principales villes de France et de l'étranger. Sans être aussi considérable que celle de la capitale, elle est fort étendue, et forme une branche de commerce intéressante. Le nombre des libraires est considérable. La librairie anc. et mod., les livres nat. et étrang. se trouvent réunis dans plusieurs maisons. Etienne Dolet se signala dans cette ville, tant par son érudition que par la beauté de ses impressions.	88,919	116	S.	Aynez. * Ballanche et fils. Barraux (veuve) née Libaux. * Bernat. Bohaire. * Bruyset aîné et Ce. Bruyset-Ponthus. * Cormon et Blanc. Garnier. Grabit. Guy. Leclerc. * Leroy (Amable). Livauy. Maire. Matheron. Mercier. * Perisse frères. Pillon. Reymann et comp. Robert et Gauthier. * Roland et Rivoire. * Russand (veuve). et comp. Savy. * Tournachon Molin Villeprend.

Noms des villes.	Populat.	Dist.	Posit.	
MACON, Saône-et-Loire, (Bourgogne) ville commerçante, P.	10,807	100	S.	Grosset. Jocque.
Madrid, cap. de l'Espagne, résidence des rois, ville grande, belle et très-peuplée. C'est dans cette ville que le célèbre Ibarra exerçait ses talens. Les Espagnols s'appliquent beaucoup à l'étude de la langue française : aussi voit-on un grand nombre de traduct. espagnoles d'ouvrages français.	154,020	309	O.	Barthelemy frères. Martin (Alp.). Orcel. Ramos de Aguilera. Sancha. Soto.
Maëstricht, Meuse-Inférieure, (pays hollandais) ville très-fortifiée, P.	17,963	90	N.	Cavelier. Lekens. * Nypels. Roux et comp. Van-Gulden.
Magdebourg, cap. du cercle de la Basse-Saxe, au royaume de Prusse, ville grande, belle, commerç.	36,000	136	N. E.	Creutz (J. A.). Greske (J. C.) Scheidhauer. Schorpp (J. C.)
Malines, Deux-Nèthes, (Brabant) grande ville, A.	16,972	80	N.	Jeghers. Vander Elst.
Manheim, Allemagne, cercle du Bas-Rhin, résid. de l'électeur palatin, ville belle, forte.		108	N. E.	Artaria (D.). Fontaine (Ch.). Loeffer. Schwan.
Mans, (le) Sarthe, (Maine) grande ville, commerç. C. P. E.	18,081	50	O.	Cherrier. Diveau. Roussel-Lacommune. Lemonnier. * Monnoyer. * Piveron, Toutain.
Mantoue, Italie, République Italienne, cap. du duché du même nom, ville grande, riche, forte, avec citadelle.	28,000	250	S.	Bianchi (André).

Noms des villes.	*Populat.*	*Dist.*	*Posit.*	
Marseille, Bouches-du-Rhône, (Provence) ville grande, avec un beau port. très-commerç. en objets d'exportation pour les Echelles du Levant et la côte d'Afrique, ecole de navigation, P. L.	96,413	204	S.	Achart et comp. Chaix. Chambon. Chardon. Daniel (Michel). Dutertre. * Isnard. Martin (E.). Michel (G.). * Mossy (J.). Sube et Laporte.
Mayence, Mont-Tonnerre, (Allemagne) cercle du Bas-Rhin, cap. de l'électorat du même nom, ville grande, forte et commerçante, P. E. L.	22,325	142	N. E.	Ficher. Leroux (Aug.). Schloten. Waldmann. Weiland.
Melun, Seine-et-Marne, (Ile-de-France) P.	6,111	11	S.	Prevost (J. C.).
Mende, Losère, (Gévaudan) petite ville, P. E.	5,014	135	S. E.	Bargeron (C.).
Metz, Moselle, (Lorraine) ville forte et considérable, très-commerç. avec une direction du génie et d'artillerie, P. S. E. L.	33,099	78	N. E	* Antoine (P.). * Behmer. * Collignon. Devilly. Michel.
Milan, Italie, cap. de la République Italienne, résidence du Gouvernement, ville très-belle et très-forte, archevêché.	130,000	219	S. E.	Dumolard et Ce. Galeazi. Giegler et comp. Margaillan. Pirota et Maspero. Reycends. Salvi. Samson et Nyon. Veladini.
Mézières, Ardennes, (Champagne) ville forte, P.	3,310	58	N.	* Trecourt (J. B. L.)
Modène, Républ. Italienne.	18,291	61	S. E.	Abboretti (S.).
Mondovi, de la Stura, (Piémont) ville considérable, sous-préfecture.	21,557	200	S. E.	

Noms des villes.	*Populat.*	*Dist.*	*Posit.*	
Mons, Jemmapes, (Pays-Bas Autrichiens) ci-dev. cap. du H·inaut, ville forte et considérable, P.	18,291	61	N.	Hoyois. Martin. Vilmet.
Montauban, Lot, (Quercy) ville très-commerçante.	21,959	167	S.	Ballard (Julien). * Crosilhes (Ch.). Laforgue aîné.
Montbrison, de la Loire, cap. du Forez, ville considérable et commerç. P.	4,704	108	S.	
Mont-de-Marsan, Landes, cap. du pays et comté de Marsan, P.	2,866	192	S. O.	
Montpellier, Hérault, (Languedoc) ville considerable et commerçante, école de médecine, école de pharmacie, P. S. E. L.	32,723	195	S.	Bascou. Durville. Fontanel. Picot-Martel. Reynaud. Tournel. Vidal.
Morlaix, Finisterre, (Bretagne, ville et port comm. Importation et exportation pour le Portugal.	10,393	158	O.	* Guyon (P.).
Moscow, Russie, ancienne capit. grande ville, mal peuplée.	200,000	709	N. E.	Curtner. Riss et Saucer.
Moulins, Allier, (Bourbonnais) ville commerçante, C. P. L.	13,509	71	S.	* Pavy. * Vidalin. Esnault.
Munich, cercle de Bavière, résidence de l'electeur.	38,000	182	N. E.	Cratz. Richter.
Munster, Allemagne, cercle de Westphalie, grande, riche, très-forte, évêché.	25,000	122	N. E.	Perrenon.
NAMUR, Sambre-et-Meuse, (Pays-Bas Autrichiens) ville grande et riche, avec une citadelle, P. E.	15,085	77	N.	Dujardin (Ch.). Fontaine.

Noms des villes.	*Populat.*	*Dist.*	*Posit.*	
Nancy, Meurthe, (Lorraine) ville grande, et l'une des plus belles de France, C. P. S. E. L.	28,227	84	N. E.	* Barbier. Bonthoux. Dalancourt (ve.) Guerard. * Haener et Delahaye. * Lamort. Mathieu Babin. Prevost-Leseuve. * Psaume.
Nantes, Loire-Inférieure. (Bretagne) ville ancienne, grande, riche et très-considérable, commerçante, exportations pour les colonies, la Hollande, les côtes d'Afrique, le nord et l'Espagne, école de navigation, P. E.	77,162	95	O.	Beaudin aîné. Brun. Busseuil jeune. * Carcani. Lahays. Malassis (veuve). Forets. Guichard et comp. Guimard. Saint-Aubin.
Naples, Italie, capit. du royaume de ce nom, ville grande, riche, très-belle, et commerçante, univ.	400,000	382	S. E.	Hermil (Ant.). Murray frères. Porcelly frères. Roland et fils. Terres frères.
Narbonne, Aude, (Languedoc) ancienne et grande ville, commerçante, M.	9,086	157	S.	* Besse. Decampe. Gaillard.
Neuchâtel, République Helvétique, (Suisse) belle ville, cap. de la souveraineté de ce nom. La librairie y forme une branche de commerce.		110	S. E.	Fauche (Aug.-R.) Fauche-Borel. Ferny. Girardet (Sam.). Vitel.
Nevers, Nièvre, (Nivernais) ville commerçante, C. P.	11,200	57	S.	* Lefèvre (veuve). Martin.
Nice, Alpes-Marit., cap. du comté du même nom, P. E.	18,473	246	S. E.	Canis.
Nîmes, Gard, (Languedoc) ville ancienne, grande, très-florissante et très-commerçante, P. S. L.	39,594	182	S.	Beaume. Gaude et comp. Maux-Buchet. Pouchon.
Niort, Deux-Sèvres, (Poitou (ville commerç. P.	15,028	107	S. O.	Depierris. Elies, ve. Aurillat. Gueffre.

Noms des villes.	*Populat.*	*Dist.*	*Posit.*	
Nuremberg, Allemagne, cap. du cercle de Franconie, ville impériale, grande, belle, et l'une des plus florissantes par son commerce et ses ouvrages d'histoire naturelle, en librairie : tous ces objets doivent fixer l'attention.	30,000	186	N. E.	Ammermuller. Bauer. Enders. Felsecker (veuve). Felsecker frères. Fravenolhz. Grattenauer (E.). Hauffe. Lochner et Mayer. Monath. Raspens (Ve). Rau (E. A.). Riegel. Schwarzkopf. * Selignsann. Stein (J. A.). Stiebner (J. G.). Weigel et Schneider. Wirsing, Zeh.
ORLÉANS, Loiret, (Orléanais) ville ancienne, riche, grande, considérable et très-commerçante, C. P. S. E. L.	41,937	29	S.	Berthevin. Chevillon. Darnault-Morant. Gaillard. * Guyot et Beaufort. * Jacob aîné. Letourmy. Perdoux. Massot. * Rouzeau-Montault
Ostende, Pays-Bas autr., ville mar., bon port, préf. mar.	10,443	74	N.	
Oxford, Angl., C. de la prov. ville gr. et belle, cél. univ.			N. O.	
PADOUE, Italie, Etat de Venise, ville ancienne, grande, belle et celèbre, appartenant à la maison d'Autr.	40,000	275	S. E.	Comin (Joseph). Conzate (J. B.). Manfré (J.). Rapin (Jos.).
Palerme, Italie, cap. de la Sicile, grande, riche et belle ville, avec un port, archevêché, académie.	20,000	400	S. E.	Abbate (Franç.). Abbate (Rosaire). Bentivegna. Dippolita et fils. Orel (Jos.). Rapetti (André). Solli. Valenza.

Paris, Seine, (Ile-de-France) 547,736 habitans, la plus belle, la plus riche, la plus peuplée et la plus florissante ville de l'Europe, ne le cédant à aucune ville du monde.

Elle réunit tous les établissemens principaux, relatifs aux sciences, aux lettres, aux arts, et à l'administration centrale du Gouvernement.

Le premier Consul réside aux Tuileries, le sénat au Luxembourg, le corps législatif au palais Bourbon, le tribunat au ci-devant palais Royal, le tribunal de cassation au palais de Justice; les ministres et les conseillers d'état y ont également leur résidence.

Il y a un tribunal d'appel, un tribunal de première instance, un tribunal criminel, et un tribunal de commerce.

Elle était la capitale de la France. Il y a préfecture, sénatorerie, archevêché, lycée, académie de législation, etc.

Par sa beauté, ses bâtimens somptueux, son industrie, son commerce, ses lumières, l'amour de ses habitans pour les sciences, les lettres et les arts, les établissemens formés pour le progrès des connaissances humaines, ou consacrés à conserver les productions de la nature et du génie, elle est regardée

A.

*	Agasse, rue des Poitevins,	moderne.
*	Allut, rue de l'Ecole de Médecine,	
	Ancelle, rue du Foin,	moderne.
*	André, rue de la Harpe,	moderne.
	André, sous le portique du Louvre,	ancienne.
	Antoine, palais du Tribunat,	nouveautés.
	Artaud, quai des Augustins,	anc. et mod.
	Arthus Bertrand, *Idem*,	anc. et nouv.
*	Aubin, rue Ne.-des-petits-Champs,	

B.

	Bacot, rue de la Loi,	anc. et mod.
*	Bailleul, rue Grange-Batelière,	
*	Ballard, rue J. J. Rousseau,	
	Barba, palais du Tribunat,	n. p. de th.
*	Barbou, rue des Mathurins,	liv. classiq.
*	Barrau, rue Pavée-Saint-André,	anc. et mod.
	Barret, rue du Cimetière-S.-André,	
	Barrois (Théoph.), r. Haute-Feuille,	anc. et mod.
	Barrois aîné et fils, rue de Savoie,	*Idem.*
	Barrois fils, quai Voltaire,	liv. étrang.
	Bastièn, rue Haute-Feuille,	moderne.
	Batillot père, rue du Cimetière-Saint-André,	moderne.
	Batillot jeune, rue Haute-Feuille.	moderne.
	Bauchamp, boulevard Montmartre.	anc. et mod.
*	Baudouin, rue de Grenelle F. B. G.	moderne.
	Baudry et Barrois, passage des Jacobins,	ancienne.
	Begné (veuve), rue de la Monnaie,	ancienne.
*	Belin, rue Saint-Jacques,	moderne.
	Benoît, quai Voltaire,	moderne.
	Benoît, passage du Vigan,	ancienne.
	Bernard, quai des Augustins,	lib. de l'école polytechniq.
	Bertin frères, rue de Savoie,	moderne.
*	Bertrandet, place Saint-Michel,	moderne.
*	Bertrand Poitier, rue Galande,	
	Bichois (veuve) rue du Marché-Palu,	ancienne.
	Bidault, rue Serpente,	nouveautés.
	Billois, quai des Augustins,	liv. élément.
	Blanchon, rue Serpente,	anc. et nouv.
	Blondel, place S.-Germain-l'Auxerrois.	ancienne.
	Bleuet père, pont Saint-Michel,	mathémat.

comme le séjour des sciences, des arts et des lettres ; en effet, elle est le rendez-vous des savans de toutes les classes, et souvent de tous les pays.

Les académies sont remplacées par l'institut national, divisé en quatre classes, le bureau des longitudes, les sociétés d'agriculture, et diverses sociétés littéraires ; tels sont l'athenée des arts, etc. etc.

Nulle part les moyens d'instruction ne sont aussi multipliés ; l'instruction peut s'y acquérir dans de nombreux établissemens, tels que le collége de France, l'école polytechnique, destinée à répandre l'instruction des sciences mathématiques, physiques, chimiques, et des arts graphiques : cette école est particulièrement destinée à former des élèves pour le service de l'artillerie de terre, de la marine, du génie militaire, des ponts et chaussées, de la construction civile et nautique des vaisseaux et bâtimens civils de la marine, des mines et ingénieurs-géographes ; celle de médecine et de chirurgie, l'école des ponts et chaussées, celle d'architecture des ingénieurs de vaisseaux, des géographes, du génie, de la marine, du dessin, de pharmacie, du conservatoire de musique ; un lycée, où on enseigne les langues anciennes, la thé-

Bleuet aîné rue de Thionville, anc. et mod.
Bleuet jeune, place de l'Ecole, anc. et mod.
* Boiste, rue Haute-Feuille,
Bontemps, rue Traversière, cabin. littér.
Boquet, place S.-Germain-l'Auxerrois, moderne.
Bordet, boulevard Italien, moderne.
Borniche, rue Saint-Jacques, cabin. littér.
* Bossange, Besson et Masson, rue de Tournon, moderne.
* Boullard, petite rue Saint-Louis, cabin. littér.
Bouquet, quai de l'Ecole, lib. étrang.
Brajeux, rue Saint-Severin, liv. de piété.
* Brasseur frères, rue de la Harpe,
Briand, rue des Fossés-M.-le-Prince, moderne.
Brigite Mathey, palais du Tribunat, cab. de lect.
Brochot père et compagnie, rue Montmartre, moderne.
* Brosselard, quai Conti,
* Brosson, rue Pierre-Sarrazin, moderne.
Brunet et fils, rue Gît-le-Cœur, anc. et mod.
Brunot, rue de Grenelle-S.-Honoré, commiss.
* Buisson, rue Haute-Feuille, moderne.

C.

Caillard, rue Ne.-des-petits-Champs, anc. et mod.
Cailleau, sous la colonnade du théâtre de la République. anc. et mod.
Cailleau, (veuve) rue des Postes, moderne.
* Caillot, rue du Cimetière-S.-André,
Capelle et comp., rue J. J. Rousseau, moderne.
Cavanagh, passage du Panorama. mod. cab. lit.
* Cellot fils, rue des Gr.-Augustins,
Cerioux, quai Voltaire, anc. et mod.
* Chaignieau aîné, rue de la Monnaie,
* Chaignieau jeune, rue Saint-André-des-Arcs,
* Chambon, rue du Cimetière-Saint-André,
Charbonnier, rue de la Barillerie, ancienne.
Chardin, rue Pavée-Bon-Conseil, ancienne.
* Charles, rue Guénégaud,
Charpentier, palais du Tribunat, ancienne.
Charpentier, rue Saint-Denis. ancienne.
Charron, passage Feydeau, moderne.
Chaudron, rue Notre-Dame-des-Victoires, cabin. littér.
Chemin, pont Saint-Michel, moderne.

torique, la logique, la morale, et les élémens des sciences mathématiques et physiques, le dessin, les exercices militaires et les arts d'agrément; on y enseigne encore les langues vivantes, et les élémens des sciences naturelles; trois nouveaux lycées doivent remplacer les écoles centrales dans le cours de l'an 13.

Chacune de ces écoles possède les professeurs les plus habiles et les plus distingués.

Quoique nous n'ayons pas la prétention de parler de tous les moyens offerts à l'instruction qui se trouvent réunis dans cette ville, il nous était indispensable de citer ceux énoncés.

Parmi les bibliothèques on distingue celle nationale, la plus riche qu'il y ait dans le monde; celles du Panthéon, de l'Arsenal, et celle des Quatre-Nations. Plusieurs autres méritent de fixer les regards; telles sont celles du conseil d'état, du tribunat, de l'institut, du lycée, et du tribunal de cassation. Nul pays en Europe où l'homme de lettres et l'amateur puissent mieux et plus commodément lire et faire des recherches.

Les musées de peinture et sculpture, réunion unique des chefs-d'œuvres des écoles française, italienne et flamande, le muséum d'histoire natu-

Chenu, palais du Tribunat et foire du Caire, anc. et mod.
Chevalier, au Louvre, ancienne.
* Chevet, rue de la place Vendôme, ancienne.
Chollet, rue des Poulies, anc. et mod.
Clavelin, rue Pavée, moderne.
Clerc, petite rue du Rempart. anciennne.
* Clousier père et fils, rue S.-Jacques.
Coger, rue Gît-le-Cœur, commiss.
Coffrel, au Louvre, ancienne.
Colas, place Sorbonne, livres class.
Colin, au Louvre, ancienne.
Colnet, rue du Bac, anc. et mod.
* Cordier et Legras, rue Galande, moderne.
* Cordier, rue Favart.
Cordier, rue Traversière-S.-Honoré. et pont Notre-Dame. liv. dépareil.
Cornet (veuve) rue du Roule.
* Courcier, quai des Augustins, mathémat.
* Couturier, rue Saint-Jacques.
* Cramer, rue des Bons-Enfans.
Crapart, Caille et Ravier, rue Pavée. moderne.
* Crapelet, rue de la Harpe.
Cretté, rue Saint-Martin, moderne.
Crossard, rue de l'Ecole de Médecine, liv. de méd.
Croullebois, rue des Mathurins, liv. de méd.
Croullebois fils, même rue. liv. de méd.
Crozet, tours Notre-Dame, ancienne.
* Cussac, rue Croix-des-Petits-Champs, moderne.

D.

Dabin, palais du Tribunat, moderne.
Dassas, rue Saint-Hyacinthe, ancienne.
Daubenton, quai de l'Horloge, ancienne.
David, place des Victoires, ancienne.
Debray, rue Saint-Honoré, Barrière des Sergens. anc. et mod. liv. d'éduc.
* Debray, cul-de-sac de la Brasserie, Butte-des-Moulins.
Debure, rue Serpente, ancienne.
* Dehansy, rue de Sorbonne, liv. de piété.
* Delaguette, rue de la Vieille-Draperie.
Delalain, quai des Augustins, moderne.
Delamyre-Méri, rue Serpente.
* Delance et comp., rue de la Harpe, moderne.
Delaunay, palais du Tribunat. moderne.

relle, le musée des monumens français, des mines, etc., le conservatoire des arts et métiers, qui a pour but la propagation et le perfectionnement des arts de toute espèce, tout ne semble-t-il pas devoir électriser la librairie de Paris ?

Il se fait dans cette ville immense un commerce prodigieux en tous genres. L'imprimerie et la librairie doivent y donner l'existence à un très-grand nombre de personnes.

Crantz, Freburger et Gering, par la beauté de leurs caractères, furent un présage heureux de la grande réputation que cette ville a eue depuis, et qu'elle s'est jusqu'ici justement conservée.

Sous quelque aspect que l'on envisage l'imprimerie, Paris en tire un grand lustre du côté de l'art : aucune ville ne peut se flatter d'avoir produit autant d'imprimeurs célèbres et d'hommes éclairés ; les chefs-d'œuvres des Anisson, des Barbou, des Bastien, des Boudet, des Coignard, des Couturier, des Cramoisy, des Crapelet, des Deharsy, des Didot, des Gandouin, des Gillé, des Guérin, des Guilleminet, des Journel, des Léonard, des Lepetit, des Morel, des Rigaud, des Etienne, des Turnèbe, des Vascosan, des Vitré, etc. rendent

	Deluguy, rue du Hazard,	
*	Demonville et sœurs, rue Christine,	moderne.
*	Demoraine, rue du Petit-Pont.	almanachs.
	Denis, pont du grand Hospice.	
	Denné aîné, rue de la Loi.	anc. et mod.
	Denné jeune, rue Vivienne.	anc. et mod.
*	Dentu, palais du Tribunat,	moderne.
	Dervieux, rue du Caire,	moderne.
	Desaint (veuve), rue du Foin,	ancienne.
	Desenne aîné, palais du Tribunat,	anc. et mod.
	Desenne jeune, rue du Chantre,	ancienne.
	Deshayes (veuve), galerie du théâtre de la République,	moderne.
	Desmaret, rue du faubourg S.-Denis,	cabin. littér.
	Desnos, rue Saint-Jacques,	alm. et géog.
	Desperieux (mad.), place du théâtre de l'Opéra-Buffa,	moderne.
	Desprez, rue des Prêtres Saint-Germain-l'Auxerrois,	moderne.
	Desray, rue Haute-Feuille,	moderne.
	Desveux, rue Sainte-Avoie,	cabin. littér.
	Deterville, rue du Battoir,	moderne.
	Devaux (veuve), rue de Chartres,	moderne.
*	Devilleneuve, place du Palais de Justice.	
	Dhôtel, rue de la Loi.	
*	Didot (P.), galerie du Louvre.	
*	Didot jeune, rue des Maçons-Sorb.	
	Didot (Firmin), rue de Thionville,	arts et génie.
*	Dodoucet, rue Saint-Benoît,	moderne.
	Donnier, au Jardin des Plantes,	mod. Botan.
	Dorigny (Mlle) rue des Bons-Enfans,	s. de vente.
	Drouet, Port-au-Blé.	
*	Dubray, rue Ventadour.	
	Dubroca, rue de Thionville,	moderne.
*	Ducauroy, rue Saint-Jacques,	moderne.
	Duchêne, rue des Grands-Augustins,	mod. et pièc. de théâtre.
*	Dufart, rue des Noyers,	moderne.
*	Dufay, passage du Saumon,	cabin. littér.
*	Dufaux, rue du Coq,	moderne.
	Dufour (Gab.), rue des Mathurins,	moderne.
*	Dufresne (veuve), Pal. de Justice,	jurisprud.
	Dugenne, rue Montmartre.	
	Dujardin, rue de la Harpe,	commiss.
	Dujardin-Sailly, rue de Corneille,	commiss.
	Duplain, cour du Commerce,	anc. et mod.
	Duponcel, place Sorbonne,	ancienne.

chez toutes les nations ces noms chers aux lettres. Beaucoup de personnes de mérite honorent encore cet art et les lettres.

Si on la considère sous un aspect mercantile, elle a la même prépondérance. Tout concourt à faire rechercher la librairie de Paris : le choix du papier qu'on y emploie, l'ordonnance et le goût dans les titres, la beauté, l'élégance et les grâces des caractères, leur disposition pour le classement et l'intelligence des matières, sont autant de causes qui lui donnent une supériorité réelle sur celle des autres nations, que nulle ville ne peut lui contester. Aussi on peut dire qu'il n'est à Paris aucune branche de commerce plus importante ; la plupart des livres français sortent des presses de cette ville, et, comme on sait, la langue française s'étant introduite parmi toutes les nations, les livres français s'y répandent, et y sont recherchés même avec un empressement qui honore l'art et la littérature.

En effet, la langue française parlée dans toutes les cours de l'Europe, les génies transcendans que la France a produits, tels que les Descartes, les Pascal, les Boileau, les Corneille, les Racine, les Molière, les Voltaire, les La Fontaine, les Bos-

Librairie.

	Duponcet, Port-au-Bled,	anc. et mod.
	Duprat (mad.) pont S.-Michel,	moderne.
	Duprat, Letellier et compagnie, rue Saint-André-des-Arcs,	moderne.
	Durand, (Mlle) palais du Tribunat,	moderne.
	Dupré, rue Couture-Saint-Gervais.	
	Durieux, au Louvre,	alchimie et autres.
	Durosier, r. Croix-des-petits-Champs.	mod. cab. lit.

E.

*	Eberhard, rue des Mathurins.	
*	Egron, rue des Noyers.	
*	Errard-Maudet, rue Bailleul.	
*	Everat, rue du Bout-du-Monde.	

F.

	Fages, boulevard Saint-Martin,	cabin. littér.
*	Fain et comp., place du Panthéon,	moderne.
	Fantin, quai des Augustins,	moderne.
*	Farges, cloître Saint-Benoît.	
*	Fauvel, rue de la Barillerie.	
	Favre, palais du Tribunat,	moderne.
	Fayolle, rue Saint-Honoré,	mod. et stat.
	Fichon, cour de l'Orangerie,	anc. et mod.
	Florent-Guyot, rue des Petits-Pères,	cab. de lect.
*	Fouché, palais de Justice,	jurisprud.
*	Fournier et fils, rue Haute-Feuille,	anc. et mod.
	Fournier (veuve) rue Neuve-Notre-Dame,	liv. de piété et d'école.
	Francart, quai des Augustins,	anc. et mod.
	Frechet et compagnie, rues du Petit-Bourbon, et des Prouvaires,	moderne.
	Fresle, cloître Saint-Honoré,	anc. et mod.
	Fuchs, rue des Mathurins,	mod. com.

G.

	Gabon et comp., rue de l'Ecole de Médecine.	liv. de méd.
	Gagliani, rue Vivienne,	livres angl.
*	Gagnard, rue Mazarine.	moderne.
	Gail veuve et fils, place Cambrai.	
	Galland, palais du Tribunat,	livres grecs.
*	Galletty, (veuve) rue Neuve-des-Capucines.	
	Garnery, rue de Seine,	bot. et codes.

suet, les Fénélon, les Montaigne, les Buffon, etc. présentent à la librairie et à l'imprimerie une mine féconde qui ne peut manquer d'être exploitée avantageusement, si le Gouvernement, jetant un regard propice sur cette branche importante du commerce, qui ne saurait avoir trop d'étendue et de liberté, évite surtout de faire passer l'argent chez l'étranger, et lui rend son antique splendeur.

L'ingénieux procédé du stéréotypage en caractères mobiles, [1] que nous devons à M. Herhan, multiplie à peu de frais beaucoup de bons ouvrages imprimés avec élégance et soin, avec l'agrément d'un format agréable et commode; mais nous ne pouvons nous dissimuler que plus cet art se perfectionne, plus il en résulte d'inconvéniens graves pour les propriétaires d'ouvrages susceptibles d'être stéréotypés.

		Librairie.
*	Garnier, (veuve) rue Jean-Robert.	cabin. littér.
	Gay, rue de la Harpe,	moderne.
	Genets aîné, rue Pavée,	moderne.
	Genets jeune, rue de Thionville,	moderne.
	Gerard, rue Saint-André-des-Arcs,	moderne.
	Gide, quai Malaquais,	moderne.
*	Giguet et Michaud, rue des Bons-Enfans,	moderne.
*	Gillé, rue Saint-Jean-de-Beauvais.	
*	Gliseau, rue du Foin.	
	Godefroy, rue de Grenelle-Saint-Honoré,	ancienne.
	Goeury, quai des Augustins,	lib. ponts et chaussées.
	Gosset, palais du Tribunat,	moderne.
*	Goujon fils, rue Taranne,	mod., partie forestière.
	Goujon, rue du Bac,	anc. et mod.
	Gourié, (Mlle) palais de Justice.	
	Grabit, rue du Coq,	ancienne.
	Grégoire, rue du Coq,	ancienne.
	Guichard, rue Neuve-des-petits-Champs,	anc. cab. lit.
	Guillaume, rue de la Harpe,	moderne.
	Guillaume, (veuve) rue S.-Honoré,	anc. et mod.
	Guillemard, quai des Augustins,	moderne.
*	Guilleminet, rue de la Harpe.	
	Guilleminet jeune, rue des Fossés-Montmartre,	anc. et mod.

H.

*	Hacquard, rue Gît-le-Cœur.	
	Hautbout, palais de Justice,	moderne.
	Hedde, palais du Tribunat,	moderne.
	Henrisch, rue de la Loi,	mod. et étr.
	Henry, rue Saint-Sulpice,	ancienne.
	Herault, rue de Poitou, au Marais,	cabin. littér.
	Herbault, cour des Fontaines,	cabin. littér.
*	Herhan, rue de Lille,	stéréotype.
	Hocquard, (Mad.) rue de l'Eperon,	liv. élément.
*	Hollier, rue du Chantre.	
*	Hoquet, rue Saint-Lazare.	
	Housset, rue Montmartre,	Œuv. de Vol.
	Huet, rue Vivienne,	pièces de th.
*	Hugelet, rue des Fossés-S.-Jacques.	
*	Huguin, rue du Foin.	
	Humbert, rue de Grenelle-S.-Hon.,	cabin. littér.
*	Huzard, (Mad.) rue de l'Eperon,	école vétér.

[1] Ses types mobiles sont en cuivre, séparément frappés *en creux* par l'acier prototype. La composition a lieu suivant les procédés de l'imprimerie, dont on forme en les assemblant une matrice paginaire. Les clichets ou pages fixès de métal à caractères saillans s'obtiennent en estampant à chaud par la chûte de la planche en creux, et servent à porter l'encre sur le papier.

Paris ....

I.

* Imbert, cloître Notre-Dame.

J.

* Jacob, rue des Saints-Pères.
Janet, rue Saint-Jacques, almanachs.
Janet, palais de Justice, ancienne.
* Jansen, rue des Postes.
Jardé, rue de Vaugirard, ancienne.
Johanneau, palais du Tribunat, cabin. littér.
Jouannaux, quai de l'Horloge, ancienne.
* Jusserand, rue des Prêtres-Saint-Severin.
Jusseraud, r. de la Vieille-Bouclerie, moderne.

K.

Killian, quai Voltaire, ancienne.
Klopfer, palais du Tribunat, liv. class. tr.
Koenig, quai des Augustins, liv. allem.

L.

Labitte, rue du Bac, ancienne.
Labrousse, quai de la Monnaie, ancienne.
* Laburthe, rue des Arcis.
Lacloye, place Baudoyer, liv. de piété.
* Lafolie, rue Saint-Martin.
Laloi, rue de la Loi, moderne.
Lamy, quai des Augustins, ancienne.
Lamy (mad.), rue des Canettes, moderne.
* Langlois, rue Saint-Jacques.
Langlois, (Hyacinte) quai des Augustins, mod. et angl.
Laplace, quai des Augustins, moderne.
Laporte, rue de Savoie, moderne.
Latour, palais du Tribunat, moderne.
* Laurens aîné, rue d'Argenteuil.
* Laurens jeune, rue Saint-Jacques, moderne.
Lebarbier, rue de la Feuillade, ancienne.
* Leblanc, cour Abbatiale de Saint-Germain-des-Prés, moderne.
Leboucher, (veuve) cour des Fontaines, ancienne.
Lebour, palais du Tribunat, anc. et mod.
Lecamus, rue du Rempart, cab. de lect.
Leclerc, quai des Augustins, n° 34, liv. de piété.

Librairie.

Paris.

*	Leclerc aîné, rue de la Parcheminerie.	
*	Leclerc, quai des Augustins, n° 39,	anc. et mod.
	Lecomte, rue Saint-Jean-de-Beauvais,	ancienne.
	Ledoux, rue Haute-Feuille,	moderne.
*	Lefevre, rue de Lille.	
	Lefevre, rue des Mathurins,	ancienne.
	Lefort, rue du Rempart,	anc. gramm. et dictionn.
	Léger, quai des Augustins,	moderne.
	Legoupil, palais du Tribunat,	anc. et mod.
*	Lemaire, rue d'Enfer.	
	Lemarchand, place de l'Ecole,	romans.
	Lemoine, boulevard Poissonnière.	
	Lemoine, rue Ne du Luxembourg.	
	Lemoine, rue du Mont-Blanc,	cabin. littér.
	Lemoine-Desessarts, rue du Théâtre Français,	moderne.
	Lenoir, rue Neuve-des-Petits-Champs,	cabin. littér.
*	Lenormant, rue des Prêtres-Saint-Germain-l'Auxerrois,	moderne.
*	Lepan, rue Saint-Guillaume.	
	Lepetit, (veuve) rue Pavée-Saint-André-des-Arcs,	moderne.
	Leprieur, rue Saint Jacques,	moderne.
	Leriche, quai des Augustins,	anc. et mod.
	Le Roi, rue Ne-des-petits-Champs,	ancienne.
*	Lerouge, cour du Commerce,	moderne.
	Lesclapart, rue de la Barillerie,	moderne.
	Lespinasse, rue de Thionville,	ancienne.
	Levacher, rue du Hurepoix,	anc. et mod.
	Levrault et Schoel, rue de Seine, hôtel de la Rochefoucault,	fr. et étrang.
	Logerot, faubourg Saint-Honoré,	cabin. littér.
	Loiseau, boulevard des Capucines,	ancienne.
*	Lottin, cour de la Sainte-Chapelle.	
*	Lottin, rue Saint-Landry,	moderne.
	Louis, rue de Savoie,	moderne.

M.

	Magimel, quai des Augustins,	art militaire.
	Maillard, rue du Pont-de-Lody,	moderne.
	Maradan, rue Pavée,	moderne.
	Marcel, chef de l'imprimerie de la République.	
*	Marchand, rue du Pont-de-Lody.	

Ville	Libraire	*Librairie.*
Paris	Marchand, palais du Tribunat,	moderne.
Paris	* Marchand, rue des Grands-Augustins,	agriculture.
Paris	Martin, rue Saint-André-des-Arcs,	ancienne.
Paris	Martinet, rue du Coq,	cabin. littér.
Paris	Martin-Gauthier, rue de Sorbonne,	anc. et mod.
Paris	Masson, (Madame) rue de l'Echelle,	cabin. littér.
Paris	Mansu, Collége du Plessis,	ancienne.
Paris	Mayeur, passage du Perron,	moderne.
Paris	Mendouze, rue Saint-Honoré,	cabin. littér.
Paris	Méquignon, rue des Cordeliers,	médecine.
Paris	Mequignon, cour du Palais de Justice,	jurisprud.
Paris	Méquignon jeune, rue de la Harpe,	liv. de piété.
Paris	Mérigot, quai de l'Ecole,	anc. et mod.
Paris	Merlin, rue du Hurepoix,	anc. et mod.
Paris	Messange, rue Christine,	commiss.
Paris	Mestayer, rue de Grammont,	cabin. littér.
Paris	Metier, rue du Pont-de-Lodi,	anc. et mod.
Paris	Michel, hôtel Longueville,	moderne.
Paris	* Michelet, rue Montmartre,	moderne.
Paris	* Migneret, rue du Sépulcre,	moderne.
Paris	* Millet, rue de la Tixeranderie.	
Paris	Molini, rue de Touraine,	liv. italiens.
Paris	Mongie aîné, cour des Fontaines,	anc. et mod.
Paris	Mongie jeune, palais du Tribunat,	ancienne.
Paris	Monnot, au Louvre,	ancienne.
Paris	Monory, palais de Justice,	ancienne.
Paris	Montagne, rue des Maçons,	commiss.
Paris	Montvoisin, cour Batave,	ancienne.
Paris	Moreau, rue du Petit-Hurleur,	ancienne.
Paris	* Moreaux, rue Traversière.	
Paris	Moussard, rue Helvétius,	moderne.
Paris	Moutardier, quai des Augustins,	anc. et mod.
	N.	
Paris	* Nicolas et Boutonnet, rue Neuve-Saint-Augustin.	
Paris	Nicole, quai Malaquais,	anc. et mod.
Paris	Nyon, (veuve) quai Conti,	livres class.
Paris	Nyon, (veuve) rue du Jardinet,	anc. et mod.
	O.	
Paris	Obré, quai des Augustins,	anc. et mod.
Paris	Onfroy, rue Saint-Victor,	liv. de piété.
Paris	* Oreilly, rue J. J. Rousseau,	Ann. des arts
Paris	Ouvrier, rue des Bons-Enfans,	moderne.

Paris

P.

	Pameville, rue Neuve-le-Pelletier,	moderne.
*	Pankoucke, (veuve) rue de Grenelle, faubourg Saint-Germain.	
	Paradis, quai des Augustins,	moderne.
	Passard, au Louvre,	ancienne.
	Pathier, quai des Augustins,	ancienne.
	Pathier jeune, *idem.*	ancienne.
*	Patris et Gilbert, quai Malaquais,	moderne.
	Pelicier, palais du Tribunat,	moderne.
*	Pelletier, rue Française.	
	Pelletier, rue Saint-André-des-Arcs,	moderne.
	Perisse, (Ve) quai des Augustins,	anc. et mod.
	Perlet, rue de Tournon,	moderne.
	Pernier, rue de la Harpe,	anc. et mod.
*	Perronneau, quai des Augustins.	
	Petit, palais du Tribunat,	anc. et mod.
	Picard, rue Helvétius,	cabin. littér.
	Pichard, quai Voltaire,	anc. et mod.
	Pichard, palais du Tribunat,	moderne.
	Pierre, *** place Vendôme,	ancienne.
	Pigoreau, place Saint-Germain-l'Auxerrois,	romans.
	Pillot aîné, sur le Pont-Neuf,	moderne.
	Pillot jeune, place des Trois-Maries,	moderne.
	Piltan, rue des Saints-Pères,	cabin. littér.
	Pironnet, palais du Tribunat,	moderne.
	Planche, rue Jacob,	ancienne.
	Planzole, (Ve) rue de l'Arbre-sec,	moderne.
*	Plassan, rue de Vaugirard,	moderne.
	Poigné, boulevard Saint-Martin,	cabin. littér.
	Poinçot, quai Voltaire,	ancienne.
	Poncelin, rue du Hurepoix,	moderne.
	Ponthieu, place S.-Germain-l'Aux.,	moderne.
*	Porthmann, rue Neuve-des-petits-Champs.	
	Potey, rue du Bac,	anc. et mod.
*	Pougens, quai Voltaire,	moderne.
*	Prault, rue Taranne.	
*	Prudhomme, rue des Marais,	moderne.

Q.

	Quatremère, rue de Belle-Chasse,	ancienne.
*	Quibert-Palisseaux, faubourg Poissonnière.	
*	Quillau, rue du Fouare.	
	Quoy, boulevard de l'anc. Opéra,	cabin. littér.

Librairie.

R.

Paris.

	Libraire	Librairie
*	Ramet, rue de la Coutellerie.	
	Redon, quai Voltaire,	ancienne.
	Rémond, quai des Augustins,	moderne.
	Renard, rue de Caumartin,	cabin. littér.
*	Renaudière, rue des Prouvaires.	
*	Renaudière, place Sorbonne.	
	Renouard, rue Saint-André-des-Arcs,	anc. et mod.
	Richard, (Ve) rue Haute-Feuille,	anc. et mod.
*	Richard et Morisset, passage du Caire,	cabin. littér.
*	Richaume, rue Saint-Jacques.	
	Richebourg, rue Saint-Denis.	
	Rigot, rue des Cordeliers,	médecine.
*	Rilliot, rue Saint-Antoine, hôtel de Beauvais.	
*	Roblet (veuve) et Gondar, rue de la Huchette.	
*	Rochette, rue Saint-Dominique-d'Enfer.	
*	Rondonneau, place du Carrousel,	Dép. de lois.
*	Rougeron, rue du Foin.	
	Rouget, (Ve) palais du Tribunat,	ancienne.
	Roullet, palais du Tribunat, galerie du théâtre,	moderne.
	Rouma, rue des Deux-Ponts,	cabin. littér.
*	Rousseau, rue Saint-Dominique-d'Enfer.	
	Roux, palais du Tribunat,	romans.
	Royez, rue du Pont-de-Lodi,	anc. et mod.

S.

	Libraire	Librairie
	Sabot, rue Gît-le-Cœur,	cabin. littér.
	Saint-Etienne, (Mad.) rue de Choiseul,	moderne.
	Saint-Jorre, palais du Tribunat,	cabin. littér.
	Sallior, palais du Tribunat,	anc. et mod.
	Sanson, quai des Augustins,	anc. et mod.
	Savoie, rue Saint-Jacques,	jurisp. piété.
	Saussay, rue Ne-des-petits-Champs,	ancienne.
*	Septier, rue de la Harpe,	
	Servière, rue du Foin,	moderne.
	Silvestre, rue des Bons-Enfans.	s. de vente.
*	Smith et compagnie, rue de Vaugirard,	
	Solvet, rue du Coq,	anc. et mod.

Paris

* Stoupe, rue de la Harpe.
* Suret, rue Saint-Hyacinthe,

Surosne, palais du Tribunat,	cabin. littér.

T.

Tardieu, rue des Mathurins,	moderne.
Tavernier, passage du Panorama,	moderne.
Terrelonge, rue des Petits-Augustins,	anc. et mod.
* Testu, rue Haute-Feuille,	alman. nat.
Thomas, rue du Colombier,	cabin. littér.
Thouvenin, quai des Augustins,	ancienne.
* Tiger, place Cambrai,	almanachs.
Tilliard (veuve) et fils, rue Pavée-Saint-André-des-Arcs,	anc. et mod.
Treuttel et Würtz, quai Voltaire,	liv. étrang.
Truchy, rue Taitbout,	ancienne.

V.

* Valade, rue Coquillère.

Valade, (Demoiselle) rue S. Jacques,	moderne.
Varin, rue Saint-Severin,	anc. et mod.
Vaudey, rue du Rempart,	ancienne.
Vederaine, rue Neuve-Saint-Roch,	com. anc.
Vente, boulevard Italien,	anc. et mod.
Vergany, quai de l'Horloge,	liv. étrang.
Vignon fils, rue de Thionville,	cabin. littér.
Villier, (veuve) rue des Mathurins,	méd. et bot.
Volland, (Calixte) quai des Augustins,	anc. et mod.

* Vuel, rue des Saints-Pères.

W.

Warée oncle, quai des Augustins,	anc. et mod.
Warée aîné, place de l'Ecole,	liv. anglais.
Warée, (Gabriel) quai Voltaire,	anc. et mod.
Warée, (Théodore) *idem*.	anc. et mod.

X.

* Xrouet, rue des Moineaux.

Z.

Zoppi, rue de l'ancienne Comédie,	cab. de lect.

Noms des villes.	Populat.	Dist.	Posit.	
Parme, Italie, ci-dev. cap. du duché du même nom, ville ancienne, grande et belle, université. Cette ville ne s'honore pas moins de compter parmi ses concitoyens les Bodoni, que Paris s'enorgueillit de posséder les Didot.	80,000	240	S. E.	* Bodoni. Carmignani (P.). Faures frères.
Pavie, République Italienne, ville, avec université.	30,000	200	S. E.	Comine.
Pau, B.-Pyrénées, (Béarn) ville jolie et commerçante, C. P. S. E. L.	8,465	203	S. O.	Tonnet. * Veronese.
Périgueux, Dordogne, (Périgord) ville ancienne et commerçante, P.	5,733	120	S. O.	Dubreuil (veuve).
Perpignan. Pyrénées-Orientales, (Roussillon) ville commerçante, forte et considérable, C. P. S.	10,000	234	S.	Alzine. * Goully. * Reynier.
Poitiers, Vienne, (Poitou) ville ancienne, commerçante, grande et considérable, C. P. S. E. L.	18,223	88	S. O.	* Barbier. * Catineau. Duclos, Guilleminet. Toussaints-Dubreuil.
Postdam, Brandebourg, jolie ville et maison du roi de Prusse.	18,000	198	N. E.	Horvath.
Prague, Allemagne, cap. de la Bohême, ville commerçante, grande, forte et bien peuplée.	84,000	246	N. E.	Clauzec. Hocchonberg. Wolfang Gerle.
Presbourg, cap. de la haute Hongrie, ville grande, forte et considérable.	60,000	304	E.	Loewe.
Privas, Ardèche, (Vivarais) petite ville, P.	2,923	143	S. E.	

Noms des villes.	*Populat.*	*Dist.*	*Posit.*	
Puy, (le) Haute-Loire, (Vélai) C. P.	11,816	121	S. E.	Boisserand. * Clef. Crespy. Pâris-Malescot.
QUIMPER, Finisterre, (B.-Bretagne) ville assez considérable, E.	6,651	136	O.	* Barazer. * Derrien.
RATISBONNE, Allemagne, cercle de Bavière, ville impériale, où se tiennent les diètes de l'Empire, ancienne, grande, forte, belle et commerçante.	9,000	190	E.	Junckel. Sciffart. Montag.
Reims, Marne, (Champagne) ville ancienne, grande, belle, commerçante et très-peuplée, M. L.	30,225	34	N. E.	* Brigot. * Delaitre. * Delaplace. * Dorigny-Lequeux. * Jeunehomme, * Lebatard, Ledoyen. * Pierard. Prevôteau.
Rennes, Ille-et-Vilaine, (Bretagne) ville considérable et commerçante, école d'artillerie, C. P. S. E. L.	25,904	88	O.	Blouet; Dandel. Eveno frères. Frout. Lescene. Remelin. Robiquet. * Vatar.
Riom, Puy-de-Dôme, (Auvergne) petite ville commerçante.	13,328	90	S.	Degoutte. Landriot. Salles.
Rochefort, Charente-Inférieure, (Aunis) ville belle et forte, avec un port considérable, école de navigation.	15,000	123	S. O.	Bonhomme. Fayle jeune.
Rodez, Aveyron, (Rouergue) ancienne ville, commerçante, P.	6,233	155	S.	Devic. Buisson.
Rome, Italie, ancienne, grande et très-belle ville, l'une des plus célèbres du monde, et résid. des papes.	153,000	350	S. E.	Bouchart et Gravier. Piale (E.). Salvioni.

Noms des villes.	Populat.	Dist.	Posit.	
Rouen, Seine-Inférieure, (Normandie) une des plus grandes, des plus riches et des plus commerçantes villes de la France, export de toutes sortes de marchandises pour l'Espagne, la Hollande, la Suède, le Danemarck, la Russie, M. C. P. S. A. L. La librairie a toujours été une branche de commerce importante dans cette ville; à plusieurs époques il est sorti de ses presses des ouvrages considérables.	97,000	34	N. O.	Auzoul. Barré. Barrois. * Noel et Baudry. Begin. Behourt. * Delalain (Ang.). * Duménil (veuve). * Ferrand aîné. Ferrand jeune. Fleury. Fouquet. Frerres. * Hermann. Hue. Marinier. Michel. * Perriau. Racine. Renault. Vallée frères.
Roterdam, République Batave, (Hollande) ville commerçante, grande, belle et riche.	53,200	88	N. E.	Arenberg. (V.) Balen (J. Van). Bemann. Bennet et Hake. Bothull (A.). Bronkorst. Cornel (N.). Devos (J.). Duyser (H.). Dyk (P. Van) Ginkel (P. V.) Groenendick. Hake (C. R.). Hendrisck (J.). Holstein (P.). Hostout et fils. Koert (J.). Meyer (J.). Vaneheef.
SAINT-BRIEUX, Côtes-du-Nord, (Bretagne) P. E.	8,090	110	N.	* Bouret. Gelino. Lemonnier. * Prudhomme.
Saintes, Charente-Inférieure, (Saintonge) ville ancienne et commerç. C. P.	10,050	135	S. O.	Charrier jeune. Delys. Duponi. * Toussaints.

Noms des villes.	*Populat.*	*Dist.*	*Posit.*	
Saint-Etienne, Rhône-et-Loire, (Forez) ville considérable par ses fabriques.	6,259	124	S. E.	Boisserand. Garnier.
Saint-Lô, Manche, (Normandie) ville comm. P.	6,987	70	O.	Adam. Gamot. Hermant.
Saint-Malo, Ille-et-Vilaine, (Bretagne) ville commerçante, avec un port sur l'Océan.	9,147	106	S. O.	* Hovius. * Valais.
Saint-Omer, Pas-de-Calais, (Artois) ville forte et commerçante.	20,109	60	N.	* Boubers. * Fettel (veuve). Huguet.
Saint-Pétersbourg, cap. de la Russie, ville grande, belle et commerçante, résidence des czars. La littérature française est préférée à toute autre dans cette ville; un seul libraire des frontières de la France y a fait en une fois un envoi de la valeur de vingt mille francs.	200,000	544	N. E.	Alici et comp. Bouvat. Destachling. Klob (J.). Klostermann. Lamotte. Legay. Logan. Vernander. Weilbrecht. Vyard.
Saint-Quentin, Aisne, (Picardie) ville commerçante, ancienne et forte.	10,477	33	N. E.	Dumoulin. Moreau-Dewez. Moreau fils.
Salamanque, Espagne.	60,000	335	S. O.	Alegria.
Saumur, Maine-et-Loire, (Anjou) ville commerç.	9,636	75	O.	* De Gouy. Buez.
Sedan, Ardennes, (Champagne) ville forte, avec un arsenal.	16,634	61	N. E.	Hennuy. Jacquemart. * Morin. Thessin.
Sens, Yonne, (Champagne) ville ancienne et commerçante, M.	10,117	30	S. E.	Guillemard. * Tarbé.
Séville, Espagne, cap. de l'Andalousie, ville grande, belle, riche, commerçante, port très-fréquenté	125,000	391	S. O.	Navarro.

Noms des villes.	*Populat.*	*Dist.*	*Posit.*	
Soissons, Aisne, (Ile-de-France) ville ancienne et commerçante, C. E.	7,229	25	E.	* Courtois. Deville. Duprez. Fournier. * Waroquier.
Stockholm, cap. du royaume de Suède, résidence de ses rois, ville grande, forte, commerçante, bien peuplée, avec un bon port très-fortifié.	75,000	387	N. E.	Arboren. Giorwel. Holmberg. Lochner. Silvestolpe (G.)
Strasbourg, Bas-Rhin, (Alsace) ancienne, grande belle et forte ville, l'une des plus considérables de France, commerçante, écoles d'artillerie et de médecine, résidence ordinaire d'une forte garnison, C. P. E. L. Les presses de M. Levrault se sont distinguées par une édition d'Emilia Galotti de Lesseing, et précédemment par divers ouvrages. En vertu d'un arrêté du premier Consul, en date du 30 floréal an 11, l'université de cette ville sera conservée, et portera le nom d'académie, pour l'instr. des ministres luth.	49,956	121	E.	* Eck (Louis). Exter et Embser. Fung. Kœnig. Leroux. * Levrault frères. * Reinhard y a établi une imprimerie stéréotype principalement destinée à l'impression de la musique. * Treuttel et Wurtz.
Stutgard, Allemagne, cercle de Souabe, cap. du duché de Wirtemberg, ville belle et bien peuplée.	25,000	140	N. E.	Cotta. Erhard. Metzler.
TARASCON, Bouches-du-Rhône, (Provence) petite ville, commerçante.	11,390	177	S. E.	Tassy.
Tarbes, Hautes-Pyrénées, (Bigorre) P.	6,777	213	O.	Dourdain. Gardel neveu. * Rauque-Maurel.
Thiers, Puy-de-Dôme, (Auvergne) belle papeterie.	10,605	102	S. E.	Bernard.

Noms des villes.	*Populat.*	*Dist.*	*Posit.*	
Toulon, Var, (Provence) ancienne, belle et riche ville, avec un port sur la Méditerranée, l'un des meilleurs et des plus grands de l'Europe, arsenal considérable pour la marine, école de navigation, préfect. maritime.	22,000	215	O.	* Aurel, (Aug.). Curet aîné. Hermandez. Sure (J.).
Toulouse, Haute-Garonne, (Gascogne) très-ancienne, grande, et l'une des principales villes de France, renfermant tous les moyens d'instruction relatifs aux sciences et aux arts libéraux, école d'artillerie, C. P. S. L.	50,171	179	N. O.	Bonnefoy. Brouilhet. Devers. Douladoure. Duplaix. Fages. Manavit. Sacarau. (S.). Sens. Vieuseux.
Tournay, Jemmapes, (Pays-Bas Autrichiens) ville forte et commerçante.	21,303	61	N. E.	Joveneau. Prevost. Serré. Varlé.
Tours, Indre-et-Loire, (Touraine) ville ancienne, grande, et l'une des plus considérables de la France, très-import. pour le commerce, M. C. P.	20,240	58	O.	Berge. * Billaud. Chalmel-Gibert. * Legier. * Letourmy. Maine. Pescherard et Mame. * Vauquer-Lambert.
Trèves, Sarre, (Allemagne) cercle du Bas-Rhin, ci-devant cap. de l'électorat de ce nom, ville ancienne, grande, M. C. P. S.	9,118	95	N. E.	Vauquier.
Troyes, Aube, (Champagne) ville ancienne, considérable et commerçante, C. P. E.	24,061	39	S. E.	André. * Garnier. * Gobelet. * Sainton.

Noms des villes.	*Populat.*	*Dist.*	*Posit.*	
Tubingue, jolie et forte ville d'Allemagne, au cercle de Souabe, avec une université.		140	E.	Berger (Ch.). Cotta (J. C.)[1] Heerbrand. [1] Cinq gouvernemens lui ont fait des offres avantageuses pour transférer ses établissemens dans leurs états.
Tulles, Corrèze, (Bas-Limosin) ville commerçante en papier, P.	9,362	120	O.	Chirac (P.).
Turin, Pô, cap. du Piémont, résidence des rois de Sardaigne, ville grande, belle et très-peuplée, école d'artillerie, P. S. A. L.				Balbino. Bocca. Giovie. Moran (M. Ange). Pic et Giraud. Reyconds frères, Toscaelli et comp.
UTRECHT, République Batave, (Hollande) cap. de la province de ce nom, ville grande, belle et ancienne, avec une université pour le droit très-fameuse.	32,300	97	N. E.	Bosch. Cornel. Lefèvre (G.). Serly. Spruyt. Van-Paddenburg.
VALENCE, Drôme, (Dauphiné) ville ancienne et considerable, sur le Rhône, école d'artillerie, P. E.	7,532	144	S. O.	Marc-Aurelle. Muguet. Viret.
Valence, Espagne, cap. du royaume de ce nom, ville grande, belle, archevéché, université, beaux édifices.	60,000	130	S. O.	
Valenciennes, Nord, (Flandre et Hainault) ancienne, grande et forte ville, sur l'Escaut.	16,916	53	N. E.	* Boucher. Carpentier. Depretz. Giard. Huez. * Varlé,

Noms des villes.	*Populat.*	*Dist.*	*Posit.*	
Vannes, Morbihan, (Bretagne) ville et port qui communiquent à la mer, P. E.	9,131	113	N.	Mahé (veuve). Forest. * Galles.
Varsovie, Prusse, cap. de la Pologne, ville grande et commerçante.	60,000	377	E.	Fietta. Groelle. Poser. Rousseau.
Venise, Italie, C. de la ci-dev. république du même nom, appartenant à l'Autriche, ville grande, belle et très-riche. 30 imprimeurs y exercent leur art. L'Espagne particulièrement est l'objet de leurs relations commerciales. C'est dans cette ville que Manuce (Alde) s'immortalisa. Il fut le chef de la famille des Manuce, tous trois imprimeurs illustres par leurs connaissances.	160,000	284	S. E.	Beltineli (J.). Giesler. Novelli. Pezzana. Remondini. Storti (Gasp.) Zatta (Ant.).
Verceil, Sesia, (Piémont) ville ancienne, belle, forte et considérable, E.	16,162	280	S. O.	Panialis.
Verdun, Meuse, ville ancienne, forte, bien peuplée, considérable et commerçante.	9,136	61	E.	Foureault. Guillot. Mondon, Villé.
Véronne, Italie, appartenant à l'Autriche, ville forte et considérable.	57,000	254		Carrattoni. Giuliari. Marc Moroni.
Versailles, Seine-et-Oise, (Ile-de-France) ville grande, belle et très-considerable, P. E. L.	37,574	4	O.	Blaizot. * Locart.
Verviers, Ourthe, évêché de Liége.	10,072			Kaldenbergh.
Vesoul, Haute-Saône, (Fr.-Comté) petite ville, P.	5,417	86	S. E.	Lepagnez. Poirson. * Regnaudot.

Noms des villes.	*Populat.*	*Dist.*	*Posit.*	
Vicence, Etat de Venise, réunie à l'Autriche, forte, et l'une des plus anciennes villes d'Italie, académie, grand nombre de belles églises.	30,000		S. E.	
Vienne, Isère, (Haut Dauph.) ville très-ancienne et cons.	10,362	117	S. E.	* Vedeilhée (mad.).
Vienne, Allemagne, cap. du cercle d'Autriche, l'une des plus célèbres et des plus riches villes du monde, résidence des empereurs, université. Il y a dans cette ville 14 imprimeurs, 19 libraires, dont plusieurs s'y distinguent. Degen avait fait exposer à la foire de Leipsick des feuilles d'une édition de l'ouvrage de Zimmermann sur la solitude; d'après ces feuilles, cette édition surpassera tout ce qu'on aura encore vu jusqu'à présent.	250,000	306	E.	Wappler (C. F.). Alberti. Artaria (P.). Bernardi (Aug.). Blumaner. (M.) Camesina et comp. Degen (J. V.). Eder (Jos.). Groeffer jeune. Harting (J. D.). Kaiser. Krauss. Reimer. Schaumburg. Stahbel et comp. Stall. Tratner.
WORMS, Mont-Tonnerre, ancienne, grande et considérable ville d'Allemagne, autrefois libre et impériale, au palatinat du Rhin.	5,000	156	S. E.	
YPRES, Lys, (Pays-Bas Autrichiens) jolie ville.	15,148			Leclerc. Remy. Valwin.
Yverdun, République Helvétique, (Pays de Vaud) petite ville, mais jolie, ancienne et forte.		160	N. E.	Félice. Du Pujet.
ZURICH, République Helvétique, (Suisse) ville ancienne, grande et très-commerçante, et l'une des plus considérables de cette république, cap. du canton de ce nom.		160	N. E.	Fuesly. Heidegger et compagnie. Orell-Fusli et compagnie. Zeigler et fils.

Desirant ne rien omettre de ce qui peut offrir des perspectives d'établissemens à la librairie en France, de ce qui peut augmenter et propager ce commerce, nous présenterons ici une énumération des lycées et des écoles spéciales dont le Gouvernement a arrêté l'établissement, en faisant remarquer qu'il y aura dans chaque lycée douze à quinze personnes préposées à l'enseignement, et une bibliothèque de quinze cents volumes. Comme les corps de la magistrature et du clergé sont, en général, composés de bibliophiles, nous nous déterminons à indiquer les villes où siegent les tribunaux d'appel, à donner le tableau des églises métropolitaines et des siéges épiscopaux. Nous désignerons toujours par A. et E. les archevêchés et évêchés, les tribunaux d'appel et les sénatoreries par S., et les lycées par L.

Acqui, E.
Agen, E. S.
AIX, A. S.
Aix-la-Chapelle, E.
Ajaccio, E. S.
Alexandrie, E. L.
Asti, E.
Alfort, école vétérinaire.
Amiens, E. S. L.
Angers, E. S. L.
Angoulême, E.
Arras, E.
Autun, E.
Auxonne, école d'artillerie.
Avignon, E. L.
Bayeux, E.
Bayonne, E.
BESANÇON, A. école d'artillerie, S. L.
Bonn, L.
BORDEAUX, A. S. L.
BOURGES, A. S. L.
Brest, école du génie maritime.
Bruges. L.
Bruxelles, S. L.
Caen, S. L.
Cahors, E. L.
Cambrai, E.
Carcassonne, E.
Chambéry, E.
Clermont, E. L.
Colmar, S.
Compiègne, école d'arts et métiers.
Coni, E.
Coutances, E.
Digne, E.
Dijon, E. S. L. école de dessin en faveur des arts.
Douai, S. L. école d'artillerie.
Evreux, E.
Fontainebleau, école spéciale militaire.
Gand, E. L.
Gieslautern, école des mines.
Grenoble, E. S. L. école d'artillerie.
Ivrée, E.
La Fère, école d'artillerie.
Le Mans, E.
La Rochelle, E.
Liége, E. S. L.
Limoges, E. S. L.
LYON, A. S. L. école vétérinaire.
MALINES, A.
Marseille, S. L.
Mayence, E. L. école de médecine et de pharmacie.
Meaux, E.
Mende, E.
Metz, E. S. L. école de medecine et de pharmacie.
Moulins, S. L.
Namur, E.
Nancy, E. S. L.
Nantes, E. L.
Nice, E. L.
Nîmes, S. L.
Orléans, E. S. L.
PARIS, A. S. L. écoles centrales, Collége de France, muséum d'histoire naturelle, école de médecine, de pharmacie, cours d'accouchemens, école spéciale de minéralogie docimastique et de chimie, école spéciale des langues orientales vivantes, cours d'antiquité, école spéciale de de peinture et sculpture, école nationale d'architecture, un conservatoire de musique, école de dessein en faveur des arts mécaniques, institution des sourds et muets de naissance, école de services publics, école polytechnique, école des ponts et chaussées.
Pau, S. L.
Pezai, école des mines, plomb et argent.
Poitiers, E. S. L.
Pontevi, L.
Quimper, E.
Reims, S. L.
Rennes, E. S. L. école d'artillerie.
Riom, S.
Rodez, L. école vétérin.

ROUEN, A. S. L.
Saint-Brieux, E.
Saint-Flour, E.
Saluces, E.
Seez, E.
Soissons, E.
Strasbourg, E. S. L. école de médecine et de pharmacie, et école d'artil. TOULOUSE, A. S. L. école de dessin en faveur des arts, école d'artillerie.
Tournai, E.
TOURS, A.
Trèves, E. S.
Troyes, E.
TURIN, A. S. L. école de médecine et de pharmacie, école vétérinaire.
Valence, E. école d'artillerie.
Vannes, E.
Verceil, E.
Versailles, E. L.

Fondeurs en caractères d'imprimerie.

La plupart de ceux qui s'occupent à Paris de la fonte des caractères d'imprimerie peuvent être regardés comme de vrais artistes : de tout temps ils ont joui d'une très-grande réputation, et ont beaucoup contribué à faire rechercher les impressions de cette ville.

Beaulieu, rue des Postes, n° 908.
Borniche, rue des Mathurins.
Delalain (Boucher), rue de la Harpe.
Didot (Firmin), rue du Regard.
Fortier, rue Saint-Jacques.
Fournier (mesdames), place de l'Estrapade.
Gando, rue des Maçons-Sorbonne.
Gillé, rue Saint-Jean-de-Beauvais.
Herhan (stéréotype), rue de Lille.
Joannis, rue des Mathurins.
Léger, rue du Hurepoix.
Lion, rue Saint-Jacques, n° 54.
Mailly, rue des Postes.
Mailly, rue de l'Hirondelle.
Martin, rue Poupée, n° 13.
Mignonnet, rue du faubourg Saint-Jacques, n° 471.
Molé place Saint-Michel, n° 511.
Vernange, rue du faubourg Saint-Antoine, n° 1.
Vibert, graveur et fondeur, rue Mâcon.
Wafflard, cloître Notre-Dame, n° 7.
Hy frères, marchands de caractères et d'ustensiles d'imprimerie, rue des Boucheries-Saint-Honoré, n° 906.

Imprimeurs en taille douce.

Aumont, rue des Maçons-Sorbonne, n° 407.
Damour, rue de la Harpe, n° 165.
Dedun, rue de la Bucherie, n° 14.
Dosseville, au conservatoire de musique, rue du faubourg Poissonnière.
Finot, rue Saint-Jacques, n° 15.
Germain, rue Saint-Jacques, près celle du Plâtre.
Richomme, rue du Foin, n° 29.
Richomme, rue Saint-Jacques, n° 276.
Robbe, chez le C. Robillard-Péronville.

Marchands de cartes géographiques.

Les cartes géographiques forment un commerce non moins étendu que celui des estampes ; les cartes de Paris sont recherchées dans toute l'Europe concurremment avec celles de Londres. La grande consommation qui se fait des cartes hollandaises et allemandes n'est due qu'à la modicité du prix, provenant de l'infériorité de l'exécution.

Baradelle (junior), fabricant de globes et sphères, rue du faubourg Saint-Jacques, n° 7.
Belleyme, rue du Paon, hôtel Notre-Dame.
Buache, rue des Orties, n° 1.
Chanlaire, rue Geoffroy-Langevin, n° 128.
Desnos, rue Saint-Jacques, n° 190.
Dezauche (pour les cartes de la marine), rue des Noyers, n° 33.
Goujon, rue du Bacq.
Jean, rue Saint-Jean-de-Beauvais.
Lamarche, rue du Foin, n° 265.
Piquet, quai Malaquais, n° 14.
Vignon, rue Thionville, n° 28.

Marchands d'estampes.

Il se fait un commerce très-étendu des estampes françaises ; elles sont accueillies dans toute l'Europe ; celles des autres nations (c'est une vérité incontestable) ne peuvent entrer en concurrence. Les amateurs éclairés sont pleinement convaincus que les estampes qui nous viennent d'Angleterre ne peuvent en être exceptées. Elles sont gravées en manière noire ; ce genre n'a pas cette touche libre, spirituelle, expressive : cette variété du style donne à chaque objet un caractère distinctif, et c'est un des principaux mérites de la gravure ; il ne nous reste donc rien à envier chez nos voisins.

Auvrai, quai Voltaire.
Bance aîné, rue Saint-Denis.
Basan, rue Serpente, n° 1.
Basset, rue Saint-Jacques, n° 670.
Benard, rue Froidmanteau, n° 16.
Bonneville, rue Saint-Jacques.
Bosset, rue Vivienne, n° 42.
Capelin, passage Feydeau, n° 12.
Chaise, rue de l'Echelle, n° 543.
Chaise jeune, rue Neuve-des-petits-Champs.
Chereau, rue Saint-Jacques.
Clozel, rue Saint-Jacques, no 284.
Delamire-Mory, rue et hôtel Serpente.
Depeuille, rue des Prêtres-Saint-Germain-l'Auxerrois.
Desmarteaux, cloître Saint-Benoît.
Esnault, boulevard Montmartre.
Fatean, boulevard des Italiens.
Jagot, place Cambrai.
Jauffret, palais du Tribunat, n° 56.
Jean, rue Saint-Jean-de-Beauvais.
Joubert, rue de Sorbonne.
Journeau, rue Guénégaud.
Lenoir, quai Malaquais.
Lenormand, passage Radzivil.
Martin, rue des Fossés-Montmartre.
Martinet, rue du Coq.
Remoissenet, rue de Seine.
Robin, rue Vivienne, n° 56.
Rolland, place des Victoires.
Simon, rue Froid-Manteau.
Toulouse, cloître Saint-Germain.
Vérité, rue Neuve-des-petits-Champs.
Vilquin, grande cour, palais du Tribunat.

Marchands de musique.

Point de ville en Europe où on grave autant de musique qu'à Paris : non seulement on y grave tous les ouvrages français ; mais la plupart des œuvres étrangères y arrivent manuscrites et s'y naturalisent.

Les caractères mobiles qu'on emploie à l'impression offrent un nouveau moyen d'établir la musique à très-peu de frais. Ce commerce doit être encore à notre avantage d'après ce procédé, dont nous sommes redevables à M. Ollivier.

Bernard, rue de l'Arbre-sec, n° 234.
Berton et Loraux, rue Feydeau.
Bonjour, rue Saint-Honoré, n° 273.
Chapelle, rue Saint-Marc, n° 167.
Cherubini, Creutzer, Boyeldieu, Mehul, rue de la Loi.
Cochet, rue Vivienne, n° 10.
Cousineau fils, rue Thionville.
Decombe, quai de l'Ecole, n° 14.
Duhan et compagnie, boulevard Montmartre.
Erard, rue du Mail, n° 373.
Gavaux, passage Feydeau.
Imbault, rue Saint-Honoré, n° 200.
Janet, rue Saint-Jacques.
Lemoine, rue de l'Echelle, n° 503.
Levasseur, rue du Bac.
Lobry, rue du Roule, n° 268.
Louis, rue du Roule, n° 290.
Mallet, rue Neuve-Egalité, n° 303.
Maréchal, rue Neuve-Lepelletier.
Mercier, veuve, rue des Prouvaires.
Montigny, boulevard Montmartre.
Pleyel, rue Neuve-des-petits Champs.
Pollet, rue de Chartres, n° 380.
Sieber, rue Saint-Honoré, n° 199.
Sieber fils, rue de la Loi, n° 1245.
Siebroch, rue du Montblanc.
Wignery, rue Vivienne, n° 38.

Relieurs, satineurs et restaurateurs de livres.

Becquet, place Cambrai.
Bertrand, rue des Sept-Voies.
Boisseaux, rue du Mont-Saint-Hilaire.
Boutot, rue des Amandiers.
Bozerian aîné, quai des Augustins, n° 32.
Bozerian jeune, rue des Grands-Augustins.
Bradel, rue du Foin, n° 296.
Bradel, rue Saint-Jean-de-Beauvais.
Carré, rue des Amandiers.
Chaumont l'oncle, rue du Foin.
Chaumont, rue du Foin.
Cossard, rue d'Ecosse.
Courteval, rue des Carmes, n° 1.
Delatre, rue des Carmes, n° 17.
Derome, rue des Amandiers.
Derome jeune, rue des Amandiers, n° 15.
Dubosc, rue Saint-Jacques, n° 643.
Ducastin, rue des Chiens.
Duberlin, rue Saint-Jean-de-Beauvais
Durand, rue des Amandiers, n° 18.
Genty, rue de Cluny.
Gosselin, rue Saint-Jacques, n° 41.
Gueffier, veuve, rue Galande, n° 61.
Hérissant, rue des Carmes, n° 19.
Jandel, rue des Sept-Voies, n° 13.
Lacauve, rue du Mont-Saint-Hilaire, n° 9.
Laferté, rue Saint-Jean-de-Beauvais.
Lagny, rue Mignon, n° 1.
Lainé, rue des Amandiers, n° 30.
Lefuel, rue Saint-Jacques, n° 27.
Lemonnier, rue des Sept-Voies.
Petit, rue Saint-Jacques, 643.
Scaraguel, rue des Amandiers.
Thiessé, place Cambrai.
Agasse, satineur de livres, rue des Sept-Voies, n° 6.
Heudiez, restaurateur de livres gâtés, rue de la Harpe.
Vialart, restaurateur de livres gâtés, rue de la Harpe, collége d'Harcourt.

Papeterie. Villes de fabrique.

Les papiers qui se fabriquent en France passent pour être les plus beaux de l'Europe : l'excellente colle qu'on emploie, et la pureté des eaux qui servent aux préparations les mettent au-dessus des autres, et à côté du papier de Hollande. Il s'en fabrique d'avantageusement connu, et de très-propre à l'impression à

Ambert, Puy-de-Dôme, Auvergne.
Angoulême, Charente, Angoumois.
Annonay, Ardèche, Vivarais.
Arbois, Jura, Franche-Comté.
Bar-sur-Seine, Aube, Champagne.
Buges, Loiret, et Langlée.
Castres, Tarn, Haut-Languedoc.
Essonne, Seine et Oise.
Langres, Haute-Marne, Champagne.
Liége, Ourthe, pays de Liége.
Lille, Nord, Flandre.
Limoges, Haute-Vienne, Limosin.
Montargis, Loiret, Gatinois.
Morlaix, Finisterre, Bretagne.
Rambervilliers, Vosges, Lorraine.
Rouen, Seine-Inférieure, Normandie.
Saint-Omer, Pas-de-Calais, Artois.
Thiers, Puy-de-Dôme, Auvergne.
Troyes, Aube, Champagne.
Vire, Calvados, Normandie.

Marchands en gros de papiers d'impression, à Paris.

Besnier, rue Saint-André-des-Arcs, n° 115.
Boischard, rue des Grands-Augustins, n° 30.
Boissier, rue de la Réunion, n° 30.
Carpentier, rue Saint-Jacques, n° 16.
Collignon et Langres, rue des Noyers.
Dufour frères, rue du Pont-de-Lody.
Egasse, rue Saint-Jacques, n° 12.
Emery, rue Saint-Severin, n° 110.
Guillot, rue Saint-Jacques, n° 546.
Guyot et Noel, rue du Mouton.
Herbin et comp., rue de la Verrerie.
Hernié, rue Christine, n° 2.
Juste, rue Gît-le-Cœur, n° 15.
Lefort, quai Malaquais, n° 1911.
Leorier, Delille et Guillot, rue de Lille, n° 478.
Levasseur, rue Haute-Feuille, n° 12.
Mellier, rue du Hurepoix, n° 18.
Moulin et compagnie, rue du Cimetière-Saint-André-des-Arcs.
Royer, rue des Noyers.
Vincent, rue de la Harpe, n° 157.
Vouillemont et Drevet, rue S.-André-des-Arcs, n° 76.

Foires de librairie en Europe.

Beaucaire, Gard, 6 jours : très-fameuse et très-considérable par la quantité et la diversité des marchandises et l'affluence des étrangers, franche de tous droits ; le 4 thermidor.

Caen, Calvados, 15 jours : marchandises de toute espèce, et des plus rares ; le premier floréal.

Guibray, près de Falaise, Calvados, 15 jours : très-considérable, marchandises de toute espèce et en tout genre ; premier fructidor.

Cinq foires célèbres en Allemagne, où il se fait un grand commerce de librairie, doivent fixer les regards des libraires de tous les pays.

Deux de ces foires se tiennent à Francfort-sur-le-Mein, cercle du Haut-Rhin, ville impériale, belle, grande.

La première à la seconde fête de Pâque, et l'autre à la Nativité de la Vierge : elles durent chacune trois semaines ; les marchandises sont exemptes de tout droit pendant les trois premiers jours.

Les libraires de Francfort ont coutume de faire imprimer des catalogues pour annoncer les livres aux étrangers.

Leipsick, cercle de la Haute-Saxe, ville grande, belle, forte, riche, très-commerçante, remarquable par ses foires en librairie, où il se fait encore plus d'affaires qu'à Francfort, comme l'entrepôt des livres de France, d'Angleterre et de Hollande, dont le nord a besoin.

La première se tient le premier janvier, la seconde le troisième lundi après Pâques, et la troisième le samedi après la Saint-Michel : elles durent chacune 15 jours.

On imprime, comme à Francfort, un catalogue des livres qu'on négocie à ces foires ; mais souvent la plus grande partie des affaires sont terminées avant l'ouverture.

Cette foire est devenue plus fréquentée et plus importante que celle de Francfort, depuis que le magistrat exige un exemplaire de tous les ouvrages nouveaux.

Foire de Pâques, 1803.

Dans le catalogue de cette foire on a consigné les titres de 3,268 ouvrages annoncés comme nouveaux. Dans ce nombre, il y a 278 romans, 58 pièces de théâtre, 157 ouvrages de musique, 209 ouvrages écrits dans d'autres langues que la langue allemande. Les sciences naturelles et la technologie sont l'objet vers lequel se dirigent principalement les travaux des écrivains de l'Allemagne.

Beaucoup de libraires de Prague, de Vienne, etc. etc. s'y sont rendus. En général, on a observé que les libraires qui font leur commerce avec connaissance et activité ont fait de meilleures affaires qu'ils n'ont osé l'avouer eux-mêmes, et qu'elles étaient aussi considérables que leur position le permettait.

Outre le Nouveau Testament, l'Emilia Galotti de Lesseing, et la Solitude de Zimmermann, dont nous avons déjà parlé, il y avait encore parmi les ouvrages nouveaux beaucoup de magnifiques ouvrages d'histoire naturelle et d'autres livres de gravures, dont le débit convenable doit être assuré parmi les classes opulentes de la société.

Depuis quelque temps les premiers libraires de l'Allemagne ont témoigné le vœu qu'il y eût des réformes dans le commerce de la librairie, réforme dont la nécessité est sentie par ceux qui connaissent son état véritable. On espérait l'obtenir par une espèce de ligue des meilleures maisons. Pour examiner les moyens d'amélioration, il fut nommé un comité de trente libraires, parmi lesquels on compte Andræe de Francfort, Auton de Gœrlitz, Bohn de Lubeck, Dyk de Leipsick, Ettinger de Gotha, Frommann de Jena, Grœss de Leipsick, Hahn de Hanovre, Heyer de Giessen, Hoffmann de Hambourg, Lagarde de Berlin, Orell de Zurich, etc. etc. ; mais il est très-difficile de réunir et de combiner des intérêts aussi variés et aussi opposés que le sont ceux des libraires de toute l'Allemagne.

Depuis le 1er nivose an XI jusqu'au 1er nivose an XII, il a paru 1,004 articles en France, savoir :

Sciences physiques et mathémat.	178
— économiques et arts utiles.	70
— morales et politiques.	290
Beaux arts.	353
Histoire générale de la littérat.	113

Foires qui intéressent la librairie, et où il se vend toutes espèces de marchandises, livres et estampes, etc.

Vend.	1	Cateau, Nord,	9 j.
		Maubeuge, Nord,	9 j.
	8	Malines, Deux-Nèthes,	15 j.
	11	Cassel, Nord,	9 j.
		Douai, Nord,	9 j.
		Nord-Libre, Nord,	9 j.
	15	Bruxelles, Dyle.	25 j.
	21	S.-Quentin, Aisne,	9 j.
	22	L'Ecluse, Escaut,	15 j.
	25	Landrecy, Nord,	5 j.
Brum.	1	Bergues, Nord,	8 j.
		Le Quesnoy, Nord,	9 j.
		Soissons, Aisne,	9 j.
	5	Cambrai, Nord,	9 j.
	15	Perpignan, Pyrénées-Orientales,	3 j.
	16	Bergues, Nord,	8 j.
	21	Besançon, Doubs,	8 j.

Frim. 15 Aix, Bouche-du-Rhône, 6 j.
Nivose, 1 Dunkerque, Nord, 9 j.
10 Bourges, Cher, 20 j.
Pluv. 4 Angoulême, Charente. 8 j.
13 Alençon, Orne, 11 j.
15 Besançon, Doubs, 8 j.
Vent. 11 Dinant, Côtes-du-Nord, 8 j.
16 Troyes, Aube, 10 j.
19 Gand, Escaut, 18 j.
23 Poitiers, Vienne, 6 j.
25 Landrecy, Nord, 5 j.
Germ. 4 Bernay, Eure, 6 j.
9 Alençon, Orne, 7 j.
16 Bergues, Nord, 8 j.
Flor. 1 Caen, Calvados, 15 j.
2 Toulon, Var, 10 j.
4 Vannes, Morbihan, 15 j.
11 Hulst, Escaut, 9 j.
12 Gap, Hautes-Alpes, 5 j.
24 Château-Thierry, Aisne, 3 j.
29 Besançon, Doubs, 8 j.
Prair. 1 Aix-la-Chapelle, la Roer, 20 j.
8 Anvers, Deux-Nèthes, 42 j.
11 St.-Amand, Nord, 9 j.
15 Laon, Aisne, 5 j.
19 Bailleul, Nord, 9 j.
Messid. 1 Dunkerque, Nord, 9 j.
Messid. 1 Le Quesnoy, Nord, 9 j.
Rouen, Seine-Inférieure, 15 j.
5 Strasbourg, Bas-Rhin, 15 j.
8 Châlons, Saône-et-Loire, 30 j.
16 Châtelleraut, la Vienne, 2 j.
Therm. 4 Beaucaire, Gard, 6 j.
7 Duren, la Roër, 3 j.
14 Bayonne, Basses-Pyrénées, 8 j.
17 Carcassonne, Aude, 3 j.
Fructid. 1 Gravelines, Nord, 9 j.
Guibray, Calvados, 15 j.
Waelhem, Deux-Nèthes, 8 j.
4 Angoulême, Charente, 8 j.
5 Besançon, Doubs, 8 j.
6 Luxembourg, Forêts, 15 j.
11 Clèves, la Roër, 13 j.
Le Sas-de-Gand, Escaut, 18 j.
Lille, Nord, 9 j.
12 Moulins, Allier, 3 j.
16 Troyes, Aube, 10 j.
19 St.-Cloud, Seine-et-Oise, 35 j.
Valenciennes, Nord, 9 j.
21 Orchies, Nord, 5 j.

Nous pensons qu'on nous saura gré, en terminant, de faire connaître le tableau synoptique de toutes les parties de la science bibliologique, extrait du Dictionnaire de bibliologie du citoyen Peignot.

La bibliologie, ou la science des livres, renferme la science des langues, des écritures, la composition des livres, la science de l'imprimerie, de la librairie, la connaissance des livres et l'histoire littéraire.

La science des langues renferme leur étude théorique, pratique, leur différence.

La science des écritures, ce qu'elles étaient chez les anciens, dans le moyen âge, et ce qu'elles sont chez les modernes.

La composition des livres exige :

La connaissance parfaite de la langue dans laquelle on écrit,

Le choix heureux d'un sujet instructif ou amusant,

La connaissance des ouvrages relatifs à ce sujet,

Facilité, richesse et convenance dans le style,

Clarté, simplicité et méthode dans l'ensemble de la composition.

La science de l'imprimerie exige la connaissance des caractères, leur fabrication, forme, gravure, fonte et espèces différentes, leur emploi, distribution, composition, imposition, correction, impression; l'imprimerie proprement dite, ce qui doit la composer, en hommes, en objets essentiels, dépenses et bénéfices, frais et prix d'impression.

La science de la librairie exige des connaissances bibliographiques, la description et l'appréciation des livres, l'art de bien dresser un catalogue; les connaissances relatives à la librairie ancienne et moderne, et à la librairie particulière, celles relatives aux langues anciennes et modernes, aux principaux auteurs des différentes nations, aux élémens des principales connaissances humaines, celles relatives au commerce, aux prix de toute espèce de papier, de la feuille d'impression, des livres anciens et modernes, des livres rares, aux échanges, à la tenue des livres, aux monnaies: outre l'instruction, on regarde comme qualités essentielles la probité, l'exactitude, la célérité, l'affabilité.

La connaissance du matériel des livres, dite la bibliographie, ce qu'ils étaient chez les anciens, leur forme, leur matière, leur sujet; chez les modernes, manuscrits imprimés rares, la division des ouvrages écrits en langues nationale, étrangère, ou en plusieurs langues, qui se nomment polyglottes, utiles ou instructifs, agréables ou amusans.

La classification des livres suivant les différens systêmes, par ordre de langues ou de matières, par format, par ordre alphabétique des noms d'auteurs ou titres des livres.

La connaissance des livres relatifs à l'étude des langues, à l'histoire, à l'étude de la bibliographie.

Aux systêmes bibliographiques de G. Martin et Debure, théologie, jurisprudence, philosophie, ou sciences et arts, belles-lettres, histoire; de l'Encyclopédie, histoire, politique, littéraire, religieuse, naturelle, philosophie, ou science de Dieu, de l'homme, de la nature, imagination, poésie, beaux-arts, mécanique; ce systême est aussi celui de Montanus, Prosper Marchand, etc. etc. etc.

Les connaissances relatives à la catalographie, importance des catalogues bien faits des bibliothèques publiques, des bibliothèques particulières, avec les prix, les tables d'auteurs, de matières, des titres d'ouvrages, de la rédaction par ordre alphabétique des matières, ou par format.

Histoire littéraire ancienne de l'origine des sciences et arts, des établissemens relatifs à l'instruction, bibliothèques, musées, etc. des beaux siècles de la littérature sous Périclès et Alexandre, littérature grecque sous Auguste, littérature latine sous Théodose le Grand, au quatrième siècle littérature grecque.

Moderne des sciences et des arts, des établissemens d'instruction publique, universités, instituts, académies, colléges, écoles en tout genre, bibliothèques publiques, musées, galeries, cabinets, etc.

Des arts utiles et agréables, de l'architecture, du dessin, de la peinture, de la gravure, de la sculpture, de l'art nautique, pyrotechnique, de la musique, de la gymnastique, des arts mécaniques, etc.

Des beaux siècles de la littérature moderne: sous Léon X, pour la renaissance des beaux-arts et des lettres; Louis XIV, pour la littérature française; des auteurs qui ont traité de l'histoire littéraire.

Service général des Messageries,

L'administration compose avec les maisons de commerce pour le transport
départemens, et des

SERVICES DIRECTS EN DILIGENCES Desservant les communes de passage.	DISTANCES de Paris.	Heures des départs de Paris.	JOURS DE DÉCADES DES		Jours en route.
			Départs de Paris.	Arrivées à destination.	
Amiens, par Beauvais...	31	10 h. m.	Impairs.	Impairs.	1
Anvers, par Valenciennes, Bruxelles............	82	6 h. m.	Tous les jours.	Tous les jours.	3½
Bâle, par Troyes, Langres.	123	8 h. m.	Impairs.	Impairs.	5
Besançon, par Dijon et Dôle.................	100	5 h. m.	Impairs.	Impairs.	5
Bordeaux, par Tours, Poitiers.................	156	midi.	Tous les jours.	Tous les jours.	7½
Caen, par Evreux........	56	6 h. m.	Tous les jours.	Tous les jours.	1
Calais, par Amiens......	69	midi.	Impairs.	Pairs.	2
Chartres..................	18	6 h. m.	Pairs.	Pairs.	1
Château-Thierry	22	8 h. m.	Impairs.	Impairs.	1
Clermont, par Moulins...	94	4 h. s.	Imp. de 4 en 4 j.	Imp. de 4 en 4 j.	4
Genève, par Dijon.......	128	5 h. m.	Impairs.	Impairs.	7
Laon, par Soissons.......	34	5 h. s.	Pairs.	Impairs.	1
La Rochelle, par Poitiers.	120	midi.	2, 4, 8, 12, 14, 18, 22, 24 et 28.	1, 3, 7, 11, 13, 17, 21, 23 et 27.	5
Liége, par Bruxelles.....	93	6 h. m.	Tous les jours.	Tous les jours.	3
Lille, par Péronne.......	57	5 h. m.	Impairs.	Pairs.	3½
Lyon; par Châlons-sur-Saône.................	117	6 h. m	Tous les jours.	Tous les jours.	4
Metz, par Châlons-sur-Marne................	79	6 h. m.	Pairs.	Impairs.	3
Mézières, par Reims.....	60	5 h. s.	9, 19, 29.	1, 11, 22.	2
Nantes, Chartres et le Mans	100	5 h. m.	Impairs.	Pairs.	4
Orléans.................	30	4 h. m	Pairs.	Pairs.	1
Reims..................	40	5 h. s.	3, 7, 13, 17, 23, 27,	2, 8, 12, 18, 22, 28	1
Rennes, par Alençon....	91	6 h. m.	Pairs.	Impairs.	4
Rouen, par Magny......	32	3 h. s.	Tous les jours.	Tous les jours.	1
Saint-Quentin...........	35	6 h. m.	Pairs.	Impairs.	1
Sedan, par Mézières......	65	5 h. s.	1, 5, 11, 15, 21, 25	4, 8, 14, 24, 28.	4
Strasbourg..............	122	6 h. m.	Impairs.	Pairs.	5½
Toulouse...............	182	6 h. m.	Pairs.	Impairs.	8

rue Notre-Dame-des-Victoires.

des fonds. On s'y charge des recouvremens des effets de Paris sur les départemens sur Paris.

JOURS DE DÉCADES DES		Heures des arrivées à Paris.	CORRESPONDANCE avec les routes transversales ou extrémités des routes.
Départs de destination.	Arrivées à Paris.		
Pairs.	Tous les jours.	10 h. m.	Arras et Saint-Omer.
Tous les jours.	Tous les jours.	8 h. s.	La Hollande.
Pairs.	Pairs.	6 h. s.	La Suisse, Porentruy et Colmar.
Pairs.	Pairs.	6 h. s.	Pontarlier : Lons-le-Saunier, Lyon, Strasbourg.
Tous les jours.	Tous les jours.	10 h. m.	Bayonne, Toulouse, Pau, Rochefort, Nantes.
Tous les jours.	Tous les jours.	4 h. s.	Granville, Cherbourg, Rennes, Rouen.
Tous les jours.	Tous les jours.	midi.	Dunkerque, Bruges.
Impairs.	Impairs.	7 h. s.	Vendôme, Dreux, Orléans.
Pairs.	Pairs.	7 h. s.	
Pairs.	Pairs de 4 en 4 j.	9 h. s.	Aurillac, Le Puy.
Pairs.	Pairs.	6 h. s.	Chambéry.
Pairs.	Impairs.	7 h. m.	La Fère, Saint-Quentin, Avesnes, Maubeuge.
2, 6, 8, 12, 16, 18, 22, 26 et 28.		10 h. m.	Nantes, Bordeaux, Rochefort.
Tous les jours.	Tous les jours.	9 h. s.	Maestricht, Cologne, Coblentz.
Impairs.	Pairs.	8 h. s.	Calais, Hesdin, Tournay.
Tous les jours.	Tous les jours.	9 h. m.	Strasbourg, Grenoble, Marseille, Montpellier, tout le Midi.
Pairs.	Impairs.	7 h. s.	Nancy, Luxembourg, Mayence et toute l'Allemagne.
2, 12, 22.	4.	8 h. m.	Givet, Liége.
Impairs.	Pairs.	7 h. s.	La Rochelle, Bordeaux, Lorient, Brest, Saint-Malo, Rennes.
Impairs.	Pairs.	8 h. s.	Bourges, Chartres.
5, 9, 15, 19, 25, 29	6, 10.	8 h. m.	Châlons-sur-Marne.
Pairs.	Impairs.	7 h. s.	Caen, le Mans, Saint-Malo, Brest, Lorient, Nantes.
Tous les jours.	Tous les jours.	10 h. m.	Le Hâvre, Fécamp, Dieppe, Caen, Amiens.
Impairs.	Pairs.	7 h. s.	Laon, Maubeuge, Mons, Douai.
1, 9, 15, 19, 25, 29		8 h. m.	Metz, Luxembourg, Liége.
Impairs.	Pairs.	11 h. m.	Mayence, Bâle, Lyon et toute l'Allemagne.
Pairs.	Impairs.	8 h. s.	Guéret, Tulles, Rhodès, Castres, Foix, Perpignan, Montpellier, Tarbes, Pau et Auch.

Désignation des jours de départs des courriers de Paris par ordre alphabétique de départemens, avec l'indication des pays étrangers pour lesquels il faut absolument affranchir.

DÉPARTEMENS.

TOUS LES JOURS.	JOURS PAIRS.	JOURS IMPAIRS.
Aisne.	Allier.	Ain.
Ardeche.	Alpes-Maritimes.	Alpes. (Basses)
Ardennes.	Charente.	Alpes. (Hautes)
Aube.	Charente-Inférieure.	Arriége.
Bouches-du-Rhône.	Creuse.	Aude.
Calvados.	Doria.	Aveyron.
Cher.	Eridan.	Cantal.
Côte-d'Or.	Finisterre.	Corrèze.
Doubs.	Golo.	Côtes-du-Nord.
Drôme.	Jura.	Dordogne.
Dyle.	Landes.	Forêts.
Escaut.	Lèman.	Garonne. (Haute)
Eure.	Liamone.	Gers.
Eure-et-Loir.	Loire,	Hérault.
Gard.	Loire (Haute)	Ille-et-Vilaine.
Gironde.	Lot-et-Garonne.	Indre.
Isère.	Lozère.	Lot.
Indre-et-Loire.	Marengo.	Marne. (Haute)
Jemmapes.	Meuse.	Mayenne.
Loir-et-Cher.	Morbihan.	Pyrénées. (Hautes).
Loire-Inférieure.	Nièvre.	Pyrénées-Orientales.
Loiret.	Pyrénées. (Basses)	Rhin. (Haut)
Lys.	Puy-de-Dôme.	Saône (Haute)
Maine-et-Loire.	Sèvres (les Deux)	Saône-et-Loire.
Manche.	Stura.	Sarre.
Marne.	Vendée.	Tarn.
Meurthe.	Vienne.	Yonne.
Meuse-Inférieure.	Vosges.	
Mont-Blanc.	Lundis, mercredis et samedis, pour l'Angleterre.	Helvétie.
Mont-Tonnerre.		On peut ne pas affranchir.
Moselle.		
Nèthes (Deux)	Il faut affranchir jusqu'à Douvres.	
Nord.		
Oise.	Italie.	
Orne.	Il faut affanchir.	
Ourthe.	L'Espagne et le Portugal.	
Pas-de-Calais.		
Pô.	On ne peut affranchir.	

Suite du départ des courriers de Paris.	*Instructions relatives à la poste aux Lettres.*
TOUS LES JOURS. DÉPARTEMENS. Rhin. (Bas) Rhin-et-Moselle. Rhône. Roër. Sambre-et-Meuse. Sarthe. Seine-Inférieure. Seine-et-Marne. Seine-et-Oise. Sesia. Somme. Var. Vaucluse. Vienne. Allemagne (Haute et Basse) La Suède et le Danemarck. La Russie. Constantinople et toute la Turquie. L'Italie. Les cantons de Berne, de Fribourg, Lausanne, le pays de Vaud.	Il est défendu de mettre de l'or et de l'argent dans les lettres; mais, en payant cinq pour cent, il y a un bureau, maison des postes, où on les reçoit à découvert. Il y en a un aussi dans lequel on reçoit les lettres que l'on veut faire charger; mais elles doivent être cachetées sur tous les plis, et paient le port double. Les lettres pour les Colonies, les États-Unis, l'Angleterre, doivent être affranchies jusqu'au port de mer par lequel elles doivent être expédiées, ou jusqu'aux frontières, autrement elles resteraient au rebut: il est bon de les affranchir pour toutes les personnes chargées de fonctions publiques. On est libre d'affranchir pour les pays de la Basse-Allem.; mais il faut absolument affranchir jusqu'à Strasbourg, tant pour Constantinople que pour toutes les possessions autrichiennes. Il est très-essentiel de mettre sur l'adresse des lettres le nom du département dans lequel se trouve la commune où l'on écrit; et, quand le lieu où l'on écrit n'est pas bureau de poste, il faut terminer l'adresse par le nom du bureau de poste le plus voisin.

Entrepreneurs du roulage.

Abraham (veuve), rue Saint-Denis.
Becquemis et Louvet, rue Saint-Denis, passage du Grand-Cerf.
Bricard et compagnie, rue du Ponceau.
Dupuis père et fils, passage de l'ancien Grand-Cerf.
Fortin, Poulé et compagnie, rue du Bouloi, ancien roulage de France.
Lamy, rue de la Verrerie, à l'image Notre-Dame.
Legret, Faure et compagnie, rue Beaurepaire.
Sieber, Fustier et compagnie, rue des Deux-Ecus.
Chatriat, rue d'Enfer.
Chenet et comp., rue Saint-Martin.

L'éditeur du présent Tableau prévient ses confrères qu'il se charge des commissions. Quand une partie des demandes sont extraites de son catalogue, il n'exige point de droits; l'emballage et les ports de lettres sont à sa charge. Il reçoit en dépôt les livres nouvellement publiés, et se charge, pour MM. les gens de lettres, du débit de leurs ouvrages. Il expédie, franc de port, son catalogue à ceux qui en font la demande.

FIN.

graphique de Voltaire, par Catineau; contenant les principes de la langue française, un traité de prononciation, des remarques sur les signes orthographiques et paradigme des conjugaisons, qui les réduit presque toutes à une seule. 1 vol. in-12, imprimé avec le plus grand soin sur deux colonnes. 6 fr.

— (nouveau) portatif de la langue française, composé sur la dernière édition de l'Abrégé de Richelet. On y a joint un extrait des Synonymes français de Girard, Beauzé, Roubaud, etc.; un Vocabulaire géographique, augmenté des mots latins de chaque lieu; par Gattel. An XI. 2 gros volumes in-8°, imprimés avec soin. 12 fr.

Discours préliminaire du nouveau Dictionnaire de la langue française, par Rivarol. Première partie, *de l'Homme, de ses facultés intellectuelles, et de ses idées premières et fondamentales;* deuxième partie, *de l'universalité de la langue française*, sujet qui a concouru et remporté le prix proposé par l'académie de Berlin. Hambourg, 1799. in-4° sans carton. 6 fr.

Encyclopédie religieuse, ou Cours de morale. 7 vol. in-12. 1802. 12 fr.

— de la Jeunesse, ou Nouvel Abrégé élémentaire des sciences et des arts; par mad. H. Tardieu. Seconde édition, corrigée et augmentée, ornée de cartes et fig. 2 vol. in-12. 3 fr.

Études sur Molière, ou Observations sur la vie, les mœurs, les ouvrages de cet auteur, et sur la manière de jouer ses pièces; par Cailhava, membre de l'Institut. 1 vol. in-8°. 3 fr. 60 c.

Cet ouvrage fait suite aux diverses éditions des Œuvres de Molière.

Fables de La Fontaine, nouvelle édition, plus complète que les précédentes, ornée de 202 gravures en bois, du cit. Godart; qui paraissent pour la première fois avec les notes et les remarques choisies de Coste et de Champfort, la vie et l'éloge de La Fontaine. 2 vol. in-12. 6 fr.

Fables de Phèdre, traduites en français, avec le latin à côté, pour servir à bien entendre la langue latine et à bien trad. en français. vol. petit in-12.

Fablier (le) anglais, ou fables choisies de Jean Gay, Moore de Whitehead, etc. traduit en français, avec le texte anglais, revu sur les meilleures éditions originales, et des notes grammaticales et littéraires; ouvrage élémentaire, précédé d'un court exposé de la prosodie et de la versification anglaises, publié pour la première fois en français d'après les principes de Johnson, Sheridan et Murray; par M. A. Amar du Rivier. Paris, an X, 1802, in-8°, fig. 3 fr.

Fils (le) d'adoption, ou Amour et Coquetterie; traduction libre d'un roman allemand d'Auguste Lafontaine, intitulé *Henriette Belman;* par madame Isabelle de Montolieu. 1802. 3 vol. in-12. 6 fr.

Fleming fils, ou la Manie des systêmes; traduction libre de l'allemand d'Auguste Lafontaine, par madame de Cérenville, traducteur du Baron de Fleming. 3 vol. in-12. 5 fr.

Furet (le) de la littérature, ou Recueil contenant ce qu'il y a de plus agréable en anecdotes, faits historiques et contes, in-12, figure. 1 fr. 50 c.

Géographe (le) manuel; par Victor Comeiras, ouvrage rédigé d'après des vues nouvelles, à l'usage des négocians et voyageurs; seconde édition, revue et augmentée d'un grand nombre de tableaux et de recherches très-intéressantes sur les productions et l'industrie de tous les pays. Paris, 1803. 1 vol. petit in-8°. 3 fr.

Germaine, nouvelle, par l'auteur des Orphelines de Flower-Garden. An XII. 1 vol. in-12. 1 fr. 50 c.

Grammaire française simplifiée. Cet ouvrage est conforme aux principes établis par Restaut, Wailly, Lhomond et l'académie; par Castille, professeur. 1 vol. in-12. 2 fr. 50 c.

— française, traité d'après les principes de Condillac, Dumarsais, Duclos, d'Olivet, de Wailly; renfermant, outre un développement étendu sur chaque partie du discours, l'analyse des mots, et l'explication des différentes propositions, ainsi qu'un abrégé des règles de la poésie; par Delpierre du Tremblay. in-12, 1803. 2 fr. 50 c.

Guerre des Dieux, (la) poëme en dix chants; par Evariste Parny. in-12. 2 fr.

Idem, papier vélin, 4 fr.

Gymnastique (la) de la jeunesse, ou Traité élémentaire des jeux d'exercice considérés sous le rapport de leur utilité physique et morale; par Amar du Rivier et L. F. Jauffret, ouvrage orné de 30 gravures. Paris, an XI. 1 vol. petit in-8°. 3 fr.

Le même, papier fort. 4 fr.

Herman et Emilie, traduit de l'allemand d'Auguste Lafontaine; par le cit. R.... 4 vol. in-12, fig. 6 fr.

Histoire des Suisses ou Helvétiens depuis les temps les plus reculés jusqu'à nos jours; par Mallet, auteur de l'Histoire de Danemarck. 4 vol. in-8°, avec une belle carte. 15 fr.

Introduction à l'analyse des sciences; par Laucelin. 3 vol. in-8°. 14 fr.

Journal (le) de poche, Nécessaire, surnommé l'*Indispensable*, à l'usage des deux sexes, annuaire pour l'an XII de la République, 1804. Prix, cartonné, 2 fr. 40 c.; demi-reliure, format de porte-feuille, 3 fr. 60 c.; papier vélin, relié en maroquin, format de porte-feuille, avec peau d'âne. 6 fr.

On se flatte d'avoir resserré dans le plus court espace possible les connaissances les plus curieuses et les plus utiles, ou peut dire même d'un besoin journalier; et que peu d'ouvrages de cette nature méritent mieux le nom de *Nécessaire*.

Lettres sur les études, ou Conseils à un jeune homme qui veut perfectionner son instruction; par Delpierre du Tremblay; seconde édition, revue et augmentée. in-12. 1803. 1 fr. 20 c.

Livre du second âge, ou Instructions amusantes sur l'histoire naturelle des animaux et des végétaux; troisième édition, augmentée des mammifères amphibies, cétacés et minéraux; par Pujoulx. 1 vol. in-8° orné de 108 fig. en noir. 3 fr.

Le même, figures coloriées. 4 fr.

Cet ouvrage, imprimé en cinq caractères différens, parmi lesquels plusieurs imitent l'écriture, est propre à habituer les jeunes gens à la lecture des manuscrits. Le plus grand éloge qu'on en puisse faire est que les deux premières éditions se sont épuisées en deux ans.

Londres et les Anglais; par J. L. Ferri, de Saint-Constant. 4 vol. in-8° 16 fr.

Lycée (le) des arts utiles et agréables, ou Cours complémentaire de l'éducation publique et particulière, contenant 1° un tableau systématique de l'ouvrage; 2° une nomenclature étymologique des termes principaux que les sciences et les arts empruntent des langues savantes; 3° l'histoire raisonnée et le développement des principes philosophiques des sciences exactes; 4° la description et les procédés des arts mécaniques les plus indispensables à connaître dans le commerce ordinaire de la vie; un nouvel essai sur la théorie générale des beaux arts; 6° enfin, des tableaux raisonnés de l'état actuel des sciences, des arts, de l'industrie en Europe, et principalement en France; par Amar du Rivier. 1 vol. in-8°, imprimé avec soin. 6 fr.

Mémoires historiques et politiques sur la république de Venise, rédigés en 1792 par Léopold Curti; revus, corrigés et enrichis de notes par lui-même. 2 volumes in-8°. Paris, 1802. 8 fr.

Mythologie des enfans. in-8°, fig. 3 fr.

Beaucoup d'ouvrages sur la mythologie ont paru, mais aucuns n'étaient à la portée de la jeunesse; celui que nous avons imprimé est d'un ex-professeur de l'université de Paris, qui a senti qu'il fallait aux enfans un récit simple et naturel. L'ouvrage est supérieurement imprimé.

Nouveaux Mélanges de littérature orientale, traduits de différens manuscrits turcs, arabes et persans de la bibliothèque du roi; ouvrage posthume de M. Cardonne. 2 vol. in-12. 3 fr.

Notice des principaux objets d'histoire naturelle conservés dans la galerie du Muséum du Jardin des plantes de Paris, à l'usage des personnes qui la visitent. On y a joint quelques réflexions sur la vie et les ouvrages de Buffon. 1 vol in-12. 1 fr. 50 c.

Observations (nouvelles) sur les Abeilles, adressées à M. Charles Bonnet par François Huber; suivies d'un Manuel pratique de la culture des abeilles. 1 vol. in-8°. 3 fr. 60 c.

Idem, in-12. 1 fr. 50 c.

Œuvres d'Alexis Piron; nouv. édit., ornée du portrait de l'auteur. 9 vol. in-12. 13 fr. 50 c.

— complètes de Berquin; édition mise en ordre par Jauffret. 22 vol. in-18, ornés de jolies gravures. 30 fr.

— badines et complètes du comte de Caylus; édition ornée de fig. 12 vol. in-8°. 40 fr.

— diverses d'Evariste Parny; nouv. édition, corrigée, et considérablement augmentée d'un poëme de 1500 vers. De l'imprimerie de Didot; 2 vol. in-12, orné du portrait de l'auteur. 5 fr.

— complètes de Florian, édition de Didot, ornée de 79 fig. 15 vol. in-18, papier fin. 36 fr.

— complètes de Grécourt; nouvelle édition, augmentée d'un grand nombre de pièces qui n'avaient jamais été imprimées. 8 vol. in-18, fig. 8 f.

Pariséum (le) ou Tableau de Paris en 1804; ouvrage indispensable pour connaître et visiter en peu de temps ce qu'il y a plus curieux, antiquités, édifices, musées, cabinets, manufactures, spectacles, avec les noms et les adresses des artistes et des littérateurs, la notice des ouvrages publiés sur Paris, les postes, les monnaies, les lieux mémorables, l'indication des rues, et un panorama qui offre au premier coup-d'œil la position et la destination des objets les plus intéressans; par J. F. C. Blanvillain. 1 vol. in-12, imprimé avec soin, et orné d'une carte. 2 fr. 40 c.

Pensées libres sur les prêtres; par S... M... 1 vol. in-12. 1 fr. 50 c.

Plan et dessins de la belle architecture, ou représentation d'édifices exécutés ou projetés en 115 planches, avec les explications nécessaires. 1 vol. in-folio relié. 200 fr.

Recueil de contes, par madame Isabelle de Montolieu, auteur de Caroline de Lichtfield, traducteur des Tableaux de Famille, etc. An XII. 3 vol in-12, fig. 6 fr.

Richesse (de la) commerciale, ou Principes d'économie politique appliqués à la législation du commerce; par Simonde. An XI. 2 vol. in-8°. 9 fr.

Tableaux de Famille, ou Journal de Charles Engelman, traduit de l'allemand d'Auguste Lafontaine, par Isabelle de Montolieu, auteur de Caroline de Lichtfield. Seconde édition. 2 vol. in-12, fig. 3 fr.

Traité des bâtimens propres à loger les animaux qui sont nécessaires à l'économie rurale. in-folio, 50 planches. 80 fr.

Traité de la culture des arbres et arbustes; par Buch'oz. 3 vol. in-12. 6 fr.

Vie (la) et les aventures surprenantes de Robinson Crusoé, ornée de fig. 4 vol. in-18. 5 fr.

de porte-feuille, 3 fr. 60 c. pap. vél. en maroq. Idem, avec peau d'âne. 6 fr.

Livre du second âge, ou Instructions amusantes sur l'Histoire Naturelle des animaux et végétaux, troisième édit. augmentée des mammifères cétacés et minéraux, par J. B. *Pujoulx*. ornée de 108 fig. Prix en noir, 3 fr. *Idem*, col 4 fr.

Œuvres complètes de *Florian*, édit. ornée de 79 fig. 15 vol. in-18. pap. fin. 30 fr.

-- de *Grécourt*, nouv. éd. aug. d'un grand nombre de pièces qui n'avaient jamais été impr. 8 vol. in-18, fig. 8 f.

-- d'Alexis *Piron*, nouv. édit. ornée du portrait de l'auteur. 9 vol. in-12. 13 fr. 50 c.

Poésies de *Duault*, vol. in-18. 2 fr. 25 c.

Poésies diverses de *Parny*, nouv. édit. rev. corrigée et augm. d'un poëme de 1500 vers, imp. de Didot, pap. fin d'Ang. 2 vol. petit in-12. 5 fr.

Poëtes Français (les), 12 vol. in-18. 15 fr.

Précis de l'Hist. anc. d'après Rollin, contenant l'hist. des Egyptiens, des Carthaginois, des Assyriens, des Mèdes, des Mèdes et Perses, des Grecs, etc. jusqu'à la bataille d'Actium, par J. C. *Royou*, 4 v. in-8. 21 fr.

Rencontre (la) au Garigliano, ou les quatre Femmes, traduit de l'Allem. de Baz. Randhor, par mad. Isab. de *Montolieu*, aut. de Caroline de Lichtfield, et de la traduction desT ableaux de Famille. in-12, fig. 2 fr.

Tableaux de Famille, par *idem*, seconde édit. 3 fr.

Théodora Duguesclin, ou les deux Rivales, par mad. *M****. 2 vol. in-12. 2 fr. 50 c.

Village (le) de Lobenstein, ou le nouvel Enfant trouvé, traduction libre du roman Allemand d'Auguste Lafontaine, intitulé Théodore, par madame Isabelle *de Montolieu*, 5 vol. in-12, fig. 9 fr.

Voyage pittoresque de Scandinavie, cahier de 24 vues, avec des descriptions cont. les premières vues de Laponie qui aient été dessinées et gravées. Les planches sont exécutées à l'Aquatinta, 1 vol. in-4. cart. 60 fr.

-- à la Côte de Guinée, depuis le cap Tagrin jusqu'au cap Lopez-Gonsalves, contenant des instructions relatives à la traite des Nègres, d'après des mémoires authentiques, avec carte, par P. *Labarthe*, auteur du Voyage au Sénégal, vol. in-8. 4 fr. 50 c.

www.ingramcontent.com/pod-product-compliance
Lightning Source LLC
LaVergne TN
LVHW020419230826
846091LV00004B/1335

9782016192573